主编简介

  朱 丹 湖南大众传媒职业技术学院党委委员、副校长。1993年毕业于湖南师范大学，同年参加工作，从事职业教育30年，曾荣获"湖南省优秀教师"光荣称号，省人民政府个人二等功；主持教育部全国高校思想政治工作精品项目1项；主持湖南省高校思想政治工作精品项目1项、作为第一成员参与湖南省高校思想政治工作精品项目1项，均获优秀等级；主持的工作案例入选《湖南省"十大育人"示范案例》《湖南省职业院校"三全育人"典型案例》；获湖南省职业教育教学成果二等奖；主持学院校园文化建设，获评"湖南省职业院校文化建设强校"。

高校校园文化建设成果文库

传媒职业教育的
文化符号

主　编◎朱　丹
副主编◎李　佳

光明日报出版社

图书在版编目（CIP）数据

传媒职业教育的文化符号 / 朱丹主编 . -- 北京：
光明日报出版社，2022.11
ISBN 978 - 7 - 5194 - 6925 - 2

Ⅰ. ①传… Ⅱ. ①朱… Ⅲ. ①传播媒介—高等职业教
育—研究—湖南 Ⅳ. ①G206.2

中国版本图书馆 CIP 数据核字（2022）第 214271 号

传媒职业教育的文化符号
CHUANMEI ZHIYE JIAOYU DE WENHUA FUHAO

主　　编：朱　丹

责任编辑：石建峰　　　　　　　　责任校对：李佳莹
封面设计：中联华文　　　　　　　责任印制：曹　诤

出版发行：光明日报出版社
地　　址：北京市西城区永安路 106 号，100050
电　　话：010-63169890（咨询），010-63131930（邮购）
传　　真：010-63131930
网　　址：http://book.gmw.cn
E - mail：gmrbcbs@gmw.cn
法律顾问：北京市兰台律师事务所龚柳方律师
印　　刷：三河市华东印刷有限公司
装　　订：三河市华东印刷有限公司
本书如有破损、缺页、装订错误，请与本社联系调换，电话：010-63131930
开　　本：170mm×240mm
字　　数：229 千字　　　　　　　印　　张：17
版　　次：2023 年 4 月第 1 版　　　印　　次：2023 年 4 月第 1 次印刷
书　　号：ISBN 978 - 7 - 5194 - 6925 - 2
定　　价：95.00 元

前　言

　　校园文化是一种体现一所学校办学理念、精神风貌的群体性文化。作为中国特色社会主义先进文化的一个重要组成部分，大学校园文化紧扣时代脉搏与内涵，担负着立德树人的神圣使命。它从校园建筑、景观绿化等物化形态，到校风、学风、人际关系以及制度规范等精神层面，时时刻刻地陶冶学生情操、启迪学生心智，促进学生全面发展。

　　习近平总书记在全国高校思想政治工作会议上指出："要坚持把立德树人作为中心环节，把思想政治工作贯穿教育教学全过程，实现全程育人、全方位育人，努力开创我国高等教育事业发展新局面。"同时强调"要更加注重以文化人以文育人"。高校是优秀文化的引领者，更应该充分发掘文化的育人价值，发挥文化的育人资源优势，不断创新思想政治工作，培育德才兼备、全面发展的社会主义建设者和接班人。

　　湖南大众传媒职业技术学院作为一所面向文化产业的传媒高等职业院校，始终牢记立德树人的根本任务，紧扣传媒高职教育的特点，以高度的文化自觉推进校园文化建设，把社会主义核心价值观融入育人的全过程，科学构建文化育人长效机制，抓实、抓好文化育人，探索形成了一系列具有鲜明的传媒行业特征和职业教育特点的校园文化建设体系。

　　本书以湖南大众传媒职业技术学院为例，从校园文化建设体系、文化符号、文化活动品牌、建筑与环境等方面系统展示了学院在校园文化建设的成功做法与经验，以期为高校，特别是高等职业院校的同行提供参考与借鉴。本书第一章由朱丹、李佳、纪富贵、周曙编写；第二章由朱丹、李佳编写；第三章由朱丹、李佳、徐可晶、彭涛、肖慧、欧阳旭、周曙编写；第四章由朱丹编写；第五章由刘国清、汪建、朱丹、纪富贵、徐可晶、陶新艳、周曙编写。图片由范艳军、邓可可及学院融媒体中心学生记者胡宗泉、段亚辰拍摄、提供。由于编写者水平有限，难免有疏漏和不妥之处，恳请广大读者批评指正。

编　者

2022 年 3 月

目 录
CONTENTS

第一章

从校园文化到文化校园

——打造具有传媒职教特色的校园文化建设体系

中国特色社会主义进入新时代，党的十九大描绘了建设文化强国的宏伟蓝图，指出了由文化自觉和文化自信走向文化自强的方向。作为人类文明的火把，文化始终是人们的精神家园，是促进社会不断进步的源泉。大学校园文化作为中国特色社会主义先进文化的一个重要组成部分，紧扣时代脉搏与内涵，担负着立德树人的神圣使命。习近平总书记在一系列重要讲话中，对我国教育"培养什么样的人、如何培养人以及为谁培养人"这一根本问题做出了精辟的论述，深化了新时代立德树人的理论内涵，对高校立德树人提出了更高的实践要求。

校园文化是以学生为主体，以校园为主要空间，以育人为主要导向，以精神文化、环境文化、行为文化和制度文化建设为主要内容，以校园精神文明为主要特征的一种群体文化。"现代教育学之父"德国著名教育家约翰·弗里德里希·赫尔巴特把教育的所有目的和最高目的指陈为道德，认为"教育全部工作可用道德一个概念统括"，把教育的全部看成是德育。2018年9月10日，习近平总书记在全国教育大会上发表重要讲话，强调要坚持中国特色社会主义教育发展道路，培养德智体美劳全面发展的社会主义建设者和接班人，对教育提出了德智体美劳"五育并举"的全面发展要求。"五育并举"，德育为先，居于智育、体育、美育、劳育之首，高校立德树人首要任务是培育大学生的思想道德品质。以办学理念、校训校史、校风学风、文化传统等基本元素构成的"大学精神",是一种内隐式、高度抽象化的大学校园文化,是大学校园文化的精髓。优美雅致的校园环境、丰富多彩的校园文化活动是这种大学精神的载体,其本质是一种人文环境和文化氛围,它们潜移默化地影响着师生的思想、道德和行为,通过熏陶与渲染,汇聚成强大的凝聚力。校园文化培育品德、熏陶情操、塑造思想、健全品格,匡正师生的价值观,教育引导大学生扣好人生"第一粒扣子"。

湖南大众传媒职业技术学院作为一所面向文化产业的传媒高等职业院校,坚持把价值观自信作为文化自信的根本,注重培植学校深厚的文化底蕴,为不断提升学校的综合实力和社会影响力提供强大的精神和文化支撑。特别是党的十八大以来,学院以习近平新时代中国特色社会主义思想为指导,以社会主义先进文化为导向,以社会主义核心价值体系建设为根本,围绕学校发展的战略目标,大力弘扬优秀传统文化,充分吸收湖湘文化的先进成果,主动融入文化产业、传媒行业和职业教育的文化特征,重点建设好精神文化、学术文化、行为文化、制度文化、物质文化、环境文化,以文励人,充分挖掘爱国奉献精神内涵,用社会主义核心价值观自信引领文化自信;以文育人,将社会责任担当和人文情怀融入文化自觉,通过一系列校园文化品牌活动大力弘扬人文素养和家国情怀;以文化人,让雅致的校园景观涵养学生文化底蕴,建设具有传媒特色文化符号的视觉识别系统,在校园中展示创意与文化。学院依托文化产业的行业背景,发挥传媒类高职院校的优势,构建了独具特色的"一二三四"文化建设体系,即:

牢记一个根本任务——立德树人;

围绕两个主要内容——弘扬与践行社会主义核心价值观、传播中华优秀传统文化;

以"3RONG"为核心理念——包容、融合、荣耀；

持续推进文化建设"四个结合"——与理想信念教育相结合、与弘扬中华优秀传统文化相结合、与师德师风建设相结合、与大学生成长成才相结合。

通过多年的探索与实践，湖南大众传媒职业技术学院构建出一个具有鲜明的传媒行业特色、高等职业教育特征的校园文化体系，2019 年，学院荣获"湖南省首批职业院校文化建设强校"称号。

第一节 基本情况

湖南大众传媒职业技术学院成立于 2000 年 7 月，是在原湖南银行学校和湖南教育电视台的基础上，按照"前台后院"模式组建的公立传媒类高职学院。2004 年，原湖南省广播电视学校整体并入。学院由湖南省教育厅、湖南省广电局、湖南广播电视台共建，湖南省教育厅主管。学院为国家首批骨干高职院校、国家职业教育产教融合发展工程规划立项建设单位、湖南省首批卓越高职院校立项建设单位、湖南省三全育人综合改革试点高校、国家汉办设立在湖南的"国际汉语言文化传播基地"、湖南广播电视台节目生产基地、湖南文化产业职教集团理事长单位、全国传媒职业技术教育联盟理事长单位，被誉为"广电湘军"的摇篮，是"湖南省文明单位"和"湖南省园林式单位"。

学院位于"世界媒体艺术之都"的历史文化名城——长沙，毗邻有"中国 V 谷"之誉的马栏山视频文创园片区。

学院坚持"立足湖南、面向全国，服务文化产业、突出传媒特色"的办学定位，秉承"创意点亮人生"的校训，实施"引台兴校、原创强校、服务荣校"的发展战略，致力于为湖南文化强省建设和传媒产业发展培养综合素质高、传播沟通能力强的创意型技术技能人才。学院以新闻出版与广播影视、动漫与艺术设计、新媒体技术三大特色专业为龙头，形成了以"媒介内容生产"为核心，"传媒技术"和"传媒管理"为支撑，兼及"文化教育"的专业发展格局。

特别是学院依托国家汉语国际推广领导小组办公室（简称"国家汉办"）设立在校内的国际汉语言文化传播基地，积极主动承担推动中华文化走出去的职责，连续 12 年承办"汉语桥"世界大学生中文比赛，2021 年，学院荣获教育部中外语言交流合作中心授予的"汉语桥"20 周年突出贡献组织机构奖。以"汉语桥"项目为驱动，学院在促进中华文化国际推广的同时，借"汉语桥"铺就"育人路"，大力推行"社会主义核心价值观入心入脑、中华优秀传统文化进校园"等活动，形成了"以文化人、以文育人"的强大合力和长效机制，努力打造具有鲜明的行业特点、地域特征和职教特色的高职育人典范。

第二节　学校核心文化理念

党的十九大报告强调："文化是一个国家、一个民族的灵魂，文化兴国运兴，文化强民族强。没有高度的文化自信，没有文化的繁荣兴盛，就没有中华民族伟大复兴。"湖南大众传媒职业技术学院坚守"初心"和"使命"，以习近平新时代中国特色社会主义思想为指导，坚持党的领导，以党建统领文化建设，紧紧围绕立德树人根本任务，以核心理念为引领、以制度固化为保障、以环境外化为载体、以行为影响为重点，全面推进"以文砺人、以文化人、以文育人"工作，构建了具有湖湘文化特征和传媒文化特质的文化育人体系，以"特色"为笔，绘成了新时代"文化铸校"的精彩画卷。

一、核心文化理念："3RONG"—"容·融·荣"

宗旨使命：为中华优秀文化传播、新时代媒体融合发展培养"能把关、富创意、善操作、强沟通"的复合型技能人才。

目标愿景：成为全国文化创意人才的摇篮、汉语言文化传播的高地。

校训：创意点亮人生

学校精神：传播正能量

校风：崇德尚能　守正创新

教风：正己立人　言传身教

学风：厚德博学　知行合一

二、整体推进情况

（一）形成了"3RONG"—"容·融·荣"核心文化理念

湖南大众传媒职业技术学院通过长期的培育与积淀，凝练出"容·融·荣"的"3RONG"核心文化理念：

"容"是精神，开放包容、有容乃大。学院紧贴区域经济和文化产业发展脉搏，坚持开放办学，兼容并蓄，博采众长，建设符合传媒职业教育需要的多元化办学格局。

"融"是方法，立足"前台后院"模式，深化校企合作，完善产教融合，构建符合现代职业教育要求的协同育人长效机制；适应媒介融合发展和传媒变革趋势，培养具有媒介融合思维、媒介融合创新能力的传媒人才；发挥"国家汉语言文化传播基地"优势，推动职业教育国际化，服务于"一带一路"建设，致力于传播中华传统文化，促进跨文化融合。

"荣"是追求，培育爱校、荣校精神，实施"服务荣校"战略，依托湖南传媒产业优势，为区域文化产业发展提供人才支撑、为社区提供多样性的公共文化服务、为汉语言文化国际推广服务。

在"3RONG"文化理念的引领下，湖南大众传媒职业技术学院实施"品牌兴校、原创强校、服务荣校"战略，明确了把学院建成"文化创意人才的摇篮、汉语言文化传播的高地"的发展目标。建设国内一流，具有一定国际影响力的高水平特色学院，成为学院师生的牵引力；符合文化传媒行业特征的"创意点亮人生"校训已成为师生共同的精神追求。学院构建了文化育人的内容体系、平台体系、队伍体系、活动体系和保障体系，使育人目标、传承内容、实施过程、措施保障融为一体，把文化育人与理想信念教育、践行社会主义核心价值观有机结合，实现文化培育与专业技能教育双轮驱动，实现了文化育人在传媒类高职院校学生思政工作过程中的创造性转化、创新性发展。

（二）形成了体现"3RONG"理念的制度文化

湖南大众传媒职业技术学院围绕"能把关、会传播、精技能、善沟通"的传媒人才培养目标，成立党委书记任组长的文化建设领导小组，积极推行文化育人。建立了以《湖南大众传媒职业技术学院章程》（以下简称《章程》）为统领、体现国家相关法规与政策要求、符合现代大学制度建设要求和自身办学特色的制度体系，用制度固化文化理念，为文化建设保驾护航。《章程》对学院的办学宗旨、目标愿景、学院标识等做出了明确的规定，确定了学院文化建设的基本原则："坚持以先进文化为引领，弘扬和践行社会主义核心价值观，弘扬时代主旋律，教育师生及员工树立正确的理想信念，大力发展创意文化。"为落实十九大和全国教育大会的精神，学院将新时代文化建设新要求、职业教育改革发展新部署、媒介融合新趋势融入制度修订过程，形成了有时代特征、传媒特性、文化特质的制度文化，先后制定并实施了《校园文化提质方案》《校园文化建设中长期规划（2018-2023）》，将《章程》中的文化制度建设贯穿于整个制度体系之中。

（三）形成了体现传媒融合理念的环境文化

湖南大众传媒职业技术学院依托"媒体艺术之都"长沙和马栏山视频文创园片区的区位优势，校园建设处处彰显传媒文化特征，校区合理依托地形地貌而建，各类建筑顺应地势，湖光山色中点缀具有行业特征的人文景观、雕塑、标识等，把校园打造成"制片厂""摄影场""展演台""演艺坊""声音工厂"，传统文化与时尚文化、民族文化与世界文化交相辉映，充分彰显环境文化的美育价值、道德认同价值、知识价值和社会价值，发挥环境文化的熏陶作用和育人功能。

（四）形成了充满正能量的行为文化

湖南大众传媒职业技术学院依托文化育人体系，推动社会主义核心价值观和中华优秀传统文化进教材，"传播正能量"的学院精神进师生头脑，激励教师牢记立德树人根本任务，担当教书育人使命，自觉成为传播社会正能量的主力军；引导学生志存高远，唱响主旋律、讲好中国故事，做传播正能量的传媒人。积极营造"崇德尚能　守正创新"的优良校风，倡导"正己立人　言传身教"的优良教风和"厚德博学　知行合一"的优良学风，师生的行为规范彰显学院的精神风貌和人才培养特色，体现了学院的"3RONG"文化核心理念。在五四青年节、七一党的生日、十一国庆节等重要节庆日，端午、中秋、重阳等传统节日开展一系列主题文化活动，引导师生自觉抵制"洋节"文化在意识形态领域的渗透和侵蚀，提升民族自豪感，践行社会主义核心价值观，坚定理想信念和文化自信。积极扶植弘扬优秀文化的学生社团，推进高雅艺术进校园。利用湖南是老一辈无产阶级革命家故乡和雷锋家乡等革命传统教育资源，发挥长沙"世界媒体艺术之都"声誉优势，推进红色文化进课堂、传媒文化进专业、创意文化进班级，把优秀的中华传统文化、红色文化和时尚的传媒文化融入教育教学、人才培养全过程，用创意精神塑造学生，在知识、能力等方面提升学生文化素质。特别是学院依托国家汉办设立在校内的国际汉语言文化传播基地，积极主动承担推动中华文化走出去的职责，连续12年承办"汉语桥"世界大学生中文比赛，以"汉语桥"项目为驱动，促进中华文化国际推广的同时，借"汉语桥"铺就"育人路"，大力推行社会主义核心价值观入心入脑、中华优秀传统文化进校园，形成了"以文化人、以文育人"的强大合力和长效机制，努力打造具有鲜明的行业特征、地域特征和职教特色的高职育人典范。

第三节　校园文化建设主要举措

湖南大众传媒职业技术学院坚持以习近平新时代中国特色社会主义思想为指导，以社会主义核心价值观为引领，紧紧围绕立德树人的根本任务，着力构建文化育人质量提升体系，为培养高素质技术技能型人才提供强大的文化动力和精神支撑。

一、以"3RONG"理念文化为核，完善文化育人体制机制

湖南大众传媒职业技术学院的前身——湖南银行学校，其办学历史可上溯到 1912 年成立的长沙私立涵德女子学校。学院继承涵德女校的"求是"精神，沿袭湖南银行学校的"诚信、敬业、笃学、进取"的精神，唤醒湖南广播电视学校"崇德、勤奋、克己、创新"的文化基因，从建校之初的"共荣辱、勇开拓，做百折不挠的人"到 2016 年凝练出"3RONG"核心理念文化，文化育人体系不断完善，成效不断显现。自 2016 年起，学院文化建设开启了一个新篇章，先后制定并实施《"十三五"发展规划》《"十三五"校园文化建设规划》《章程》，明确了建成国内一流，具有一定国际影响力的高水平特色学院的奋斗目标和校园文化建设的原则、方向和宗旨使命。

全院开展"学章程、用章程、守章程"活动。构建了党委领导、院长负责、教授治学、民主管理的治理体系。在借鉴融合银行学校、广播电视学院制度内容的基础上，学院从 2000 年开始从办学实践中开启了制度体系建设，2010 年全面梳理制度体系，2016 年系统推进以《章程》为统领的制度废改立工作，2018 年顺应媒介融合新态势将新时代对文化建设、职业教育改革的新要求纳入制度修订，完成了制度汇编，建立起符合现代大学制度建设要求和学院办学特色的新制度体系框架。以《章程》为统领，积极开展文化建设。成立了文化建设领导小组，形成了由党委书记挂帅，宣传部牵头，教务、学工、团委、二级院、教学部等部门（单位）协同实施，师生共同参与的管理机制。制定完善了配套文件，依据新职教理念对相关配套文件实施动态管理。学院将校园文化建设作为一项重要内容和指标，年初纳入学院党政工作要点，年终列入了各部门（单位）年终考核。学院设有文化建设专项经费。每学期召开 1 次校园文化建设专题工作会议，安排部署文化建设工作。从制度、队伍、经费、机制等方面为校园文化建设的实施提供了全方位保障。

二、以"容"为本，实施"把关人"锻造工程和中华优秀传统文化传播工程，着力培养政治素质过硬的传媒人

媒介传播，内容为王。作为一所传媒类高等职业院校，湖南大众传媒职业技术学院尤其注重培养媒介内容生产和传播的"把关人"，培养守望理想信仰、守护文明底线、传递社会正能量的传媒人成为学院的恒久价值追求。多年来，学院大力推进思政工作，将社会主义核心价值观、中华民族优秀传统文化、革命文化融入人才培养方案、课程标准、教材教案制定编写全过程。大力推行"工作室＋项目"的人才培养模式，依托各大工作室，对外承接真实项目，将职业精神和职业道德培养融入生产性实习实训项目。举办"五彩融媒""守正讲堂""众创梦工厂""视觉盛宴""青春影像"等系列具有道德浸润功能的文化活动，着力培养学生成为思想上的清醒者、政治上的明白人，内容上的把关人。

海纳百川，有容乃大。湖南大众传媒职业技术学院依托国际汉语言文化传播基地，通过创新并实施一年一度的"汉语桥"世界大学生中文比赛，各专业师生参与生产对外汉语教材和"汉语桥"文创产品。学院承办发展中国家电视台台长和广电部部长培训班、培训孔子学院教师等活动，促进了中外文化交流、文明互鉴。世界各国不同文化与文明在此交相辉映，化作人才培养的养分，滋养着学生成长成才。

三、以"融"为媒，实施校园环境提升工程和原创文化强校工程，打造了有传媒特色的育人环境

自然景观与人文景观融合。湖南大众传媒职业技术学院校园与徐特立公园融为一体，毗邻松雅湖国家湿地公园，掩映于湖光山色，自然环境优美。校园布局合理，功能分区明确，建筑物协调和谐。校区依托地形、地貌而建，从天空鸟瞰整个建筑群呈现出"S"形，是英文单词 studio 的缩写，意为制片场、摄影棚、演播室、录音室、艺术工作室、舞蹈练功房等，是学院传媒办学特色的视觉化传达。学校地标性建筑为演播楼，是"前台后院"办学模式最直观的呈现。此楼集湖南卫视节目生产基地、国际汉语言文化传播基地、学生校内实习、实训基地为一体。外墙两个主题浮雕融为一体，"汉字墙"浮雕以象形文字的演变为主题，寓意学院传承中华民族优秀传统文化的初心和使命；"传媒简史"主题浮雕以最早的文字、邸报、电影、电视机、话筒、摄像机等符号元素浓缩了传媒的发展史，是学院办学特色的视觉化呈现。演播楼内建有 1400 平方米、400 平方米和 100 平方米的演播厅，一年一度的"汉语桥"世界大学生中文比赛、金鹰电视艺术节等湖南卫视现象级的节目均在此录制。

产与教融合。湖南大众传媒职业技术学院牵头成立了湖南文化产业职业教育集团、全国传媒职业教育联盟，引入湖南广播电视台节目生产基地，将"敢为人先"的湖湘传媒精神植入校园文化。在集团化办学运行机制下，通过"引台入校"等措施，共建教学与生产性实训基地，创新了校企合作市场化运行机制，实现产教深度融合、常态运行。校企联合孵化出了原创大型话剧《侗乡大医》、中国第一部领袖题材大型动画电影《少年毛泽东》、音乐剧《诚实的声音》等一大批原创文化产品。师生在创作、排演、摄制过程中，将理想信念教育、爱国主义教育、社会主义核心价值观根植其中，以文化人。

四、以"荣"为基，实施"荣校"工程，彰显正能量的行为文化

湖南大众传媒职业技术学院注重在教职工中培育爱校、荣校的敬业精神，开展师德师风建设，健全教师工作评价与绩效评价体系，严把师德关，激励教师奋发向上，努力成为新时代"四有"好老师。面向学生组织习近平新时代中国特色社会主义思想进校园微宣讲、党史学习教育、学"四史"等活动，持续开展"十佳"学风班级、"十佳"寝室、"百佳"学习达人等学风创建活动。开展文明课堂、文明寝室、文明网络评选活动。积极选树优秀学生典型，打造开学典礼、毕业典礼、升国旗仪式、大学生党员入党宣誓仪式等标准化仪式，强化仪式的育人功能。持续开展文化艺术节、田径运动会、十佳歌手大赛、大学生微视频大赛、公益广告设计大赛、学生三下乡志愿者活动等一系列具有传媒特征和专业特色的校园文化活动，培育了演艺坊、声音工厂、视觉盛宴、青春影像、五彩融媒、众创梦工厂、守正讲堂等一系列校园文化精品项目，打造了一批有传媒文化特性、有道德浸润功能的校园文化品牌活动。与田汉文化园、湖南省博物馆、李自健美术馆等单位签订了校企合作实习实训基地协议，校园文化平台拓展到校外，通过一系列活动践行"荣校爱国"育人理念。

学院实施"服务荣校"工程，通过开放校内文化体育资源，指导开展群众文体活动，开展文艺进社区和送书、送戏、送教下乡活动等方式，积极参与社区公共文化建设。响应"一带一路"倡议，招收来自各大洲"一带一路"沿线国家留学生，建立了联合培养人才的国际通道。学院是马尔代夫维拉学院汉语中心（孔子学院）中方承办院校，成为全国唯一拥有申办海外孔子学院资格的高职院校。

第四节　成效与特色

长期以来，湖南大众传媒职业技术学院坚持文化传承创新，突出行业特色，开展创新实践，积极培育和践行社会主义核心价值观，弘扬中华优秀传统文化、革命文化和社会主义先进文化，努力实现育人效果佳、文化自信强、推广应用好的文化建设成效。

一、《章程》统领治理能力建设，管理水平位居省内领先、国内一流

学院发挥湖南省现代大学制度建设补助项目示范带头作用，以《章程》建设为核心，建章立制提升学院治理能力，在全省较早探索"教授治学"有效途径，推进依法治校，凸显了制度对文化核心理念的固化作用，学院的《章程》建设和现代大学治理能力建设获得省教育行政主管部门的高度肯定和推广示范，学院连续20年保持"湖南省文明单位"荣誉，荣获湖南省"平安高校"称号，学院两任党委书记/校长获黄炎培职业教育奖杰出校长奖。

二、"广电湘军摇篮"美誉名副其实，学生的综合素质和专业能力全面提升

近年来，学生毕业设计抽查、专业技能抽查合格率持续保持100%，毕业生就业率高于省内高职院校平均水平。2016—2021年，学院连续三届获得湖南省普通高校就业创业工作"一把手工程"优秀单位。师生在省级以上职业院校技能竞赛、教学竞赛中频频获奖。自2000年建校以来，为湖南文化强省建设和全国传媒产业发展培养了 5 万余名综合素质高、传播沟通能力强的创意型技术技能人才，涌现了一大批活跃在文化产业和传媒行业的优秀校友。学院的学生作为新中国成立 70 周年庆祝大会群众游行民族团结方阵的土家族民族代表，走过天安门广场，接受党和国家领导人的检阅；有的学生走上戛纳国际电影节、CCTV 青年歌手大奖赛、中国音乐金钟奖、中国国际动漫节"美猴奖"等文化传媒领域的领奖台，成为文化育人的成功代表。

三、"架桥铺路"文化硕果累累，打造出一批具有示范引领作用的文化品牌

湖南大众传媒职业技术学院依托 200 余项国家级、省部级文化建设类项目，加强传媒类产品的创意、制作与传播。学院连续承办了 12 年的"汉语桥"世界大学生中文比赛，成为湖南省文化对外交流的一张响亮"名片"。学院借助"汉语桥"赛事延伸育人之路，服务于中华文化走出去、推动中华传统文化进校园的模式，辐射带动了省内外职业院校，特别是面向文化产业的职业院校。截至目前，已有 100 多所全国高职院校到校学习文化育人经验做法，已在 10 余所传媒类院校推广应用。近年来，学院获得湖南省高校思想政治教育研究与实践先进单位、湖南省五四红旗团委等 40 多项集体荣誉。学院的文化育人成绩在人民网、新华网、《光明日报》、教育部政府网站、《中国教育报》、中青网、《湖南日报》、湖南卫视《新闻联播》等新闻媒体专题报道。

文化与人类共生同在。

文化之于大学，如精神、品格之于人类。校园文化作为社会主义先进文化重要组成部分，它不仅仅是先进文化的重要源头，同时也是优秀文化的创新基地，更应当是先进文化的示范区和辐射源。湖南大众传媒职业技术学院在校园文化建设上的有益探索,只是万千高校校园文化园中的一朵小花。校园文化是一个系统工程,只有统筹协调,科学发展,才能构建积极向上、突出个性、和而不同、彰显品格的校园文化,使得大学校园文化健康多元。春风化雨,润物无声,优秀的校园文化潜移默化中润泽心灵,影响学生的思想观念、成才追求和道德规范,最终百花齐放,将校园文化积淀而成"文化校园",服务于新时代教育的立德树人根本任务,为培养社会主义建设者和接班人,树立文化自信做出高校应有的贡献。

第二章

文化符号

第一节　校徽

	CMYK : 0 100 100 0
	CMYK : 100 0 100 0
	CMYK : 100 63 5 0

校徽尺寸: **80mm**

　　湖南大众传媒职业技术学院校徽图案由字母"C"和"M"、年份 2000 和学院中英文校名组成一个圆形,以蓝色为主色调。

　　1. 字母"C"和"M"既为"传媒"二字汉语拼音首字母,又为学院英文名称中"Mass Media College"三个单词的首字母,体现学院的传媒特色。

2. 校徽主图案由电影胶片造型的字母"C"和两个"人"字造型的字母"M"组成，以人眼最为敏感的红、绿、蓝三基色，同时也是传统彩色电视的三基色来表现，象征着"影视"。组成字母"M"的两个"人"字，寓意学院以人为本的办学理念。

3. 主图案下方标注"—2000—"，表示学院成立于 2000 年。左右各一个"——"表示学院既有久远的办学历史（1949 年成立的湖南银行学校、1958 年成立的湖南省广播电视学校），又有值得期待的未来。

4. 校徽图案采用圆形，外环标注学院中英文校名，中文校名采用书法字体。书法字体灵动活泼，与主图案的端庄沉稳形成呼应，体现学院汲取并传承湖湘文化的地域渊源。

第二节 校旗

湖南大众传媒职业技术学院校旗为蓝色旗帜，左上角为由"CM"造型及"2000"年号组成的校徽主图案，中间为校名。

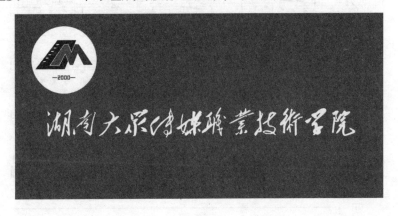

第三节 校歌

湖南大众传媒职业技术学院的校歌为《我们正青春》。

词作者为湖南大众传媒职业技术学院教师朱丹（时任党委委员、宣传部部长）、李兵（著名电视节目主持人，"范长江新闻奖""金话筒"金奖、"全国十佳电视节目主持人"获得者，时任湖南大众传媒职业技术学院影视艺术学院院长）。

曲作者为湖南籍作曲家邓东源，国家一级作曲，时任中国音乐家协会理事，湖南省文联副主席，湖南省音乐家协会主席。

我们正青春

我在特立路①上

雨花②涤荡着 V 谷③流光

传媒艺术之都④璀璨星茫

那是我心中的殿堂

同学少年，青春飞扬

梦想把未来唱响

湖湘文脉⑤，世纪初阳⑥

前台后院⑦书写华章

那只创意的精灵

始终在我的心头激荡

守正创新，奋发图强

立德树人，初心不忘

那只创意的精灵

始终在我的心头激荡

守正创新，奋发图强

立德树人，初心不忘

今日传媒学子

明日成栋梁

民族复兴⑧我辈担当

传播正能量⑨

志存高远

我们正青春

心怀大众，传播正能量

传播正能量

我在特立路上

雨花涤荡着 V 谷流光

传媒艺术之都璀璨星茫

那是我心中的殿堂

知行合一，教学相长

创意把人生点亮⑩

山色空濛，湖光荡漾⑪

书声琅琅桃李芬芳

那只创意的精灵

始终在我的心头激荡

守正创新，奋发图强

立德树人，初心不忘

那只创意的精灵

始终在我的心头激荡

守正创新，奋发图强

立德树人，初心不忘

今日传媒学子

明日成栋梁

民族复兴我辈担当

传播正能量

志存高远，我们正青春

心怀大众，传播正能量

传播正能量

【注】

①"特立路"为湖南大众传媒职业技术学院校址所在的长沙市星沙经济技术开发区城市道路，为纪念著名教育家徐特立先生而命名。学院最初的邮政地址为"特立路5号"。

②"雨花"意指湖南大众传媒职业技术学院历史渊源。学院前身湖南银行学校、湖南省广播电视学校曾在长沙市雨花区的雨花亭和东塘办学。

③"V谷"意指湖南大众传媒职业技术学院毗邻有"中国V谷"之称的马栏山文创园片区和湖南广电金鹰影视文化城，具有独特的产业地缘优势。

④湖南大众传媒职业技术学院所在地长沙，是中国首座获联合国教科文组织评定的"世界媒体艺术之都"称号的城市，文化产业全国领先。

⑤"湖湘文脉"指湖南大众传媒职业技术学院秉承湖湘文化"敢为人先"精神，在全国较早探索符合传媒职业教育产教融合特质办学模式。

⑥ "世纪初阳" 指湖南大众传媒职业技术学院成立于世纪之交的 2000 年。

⑦ "前台后院" 指湖南大众传媒职业技术学院在成立之初，在原湖南银行学校和湖南教育电视台的基础上建校的模式，"前台" 指湖南教育电视台，后随着办学规模与内涵建设的进一步发展，升级放大至湖南广播电视台等湖南传媒龙头企业，"后院" 即学校。"前台后院" 办学模式为传媒高等职业教育的典型办学模式。

⑧ "民族复兴，我辈担当" 意指湖南大众传媒职业技术学院师生牢记习近平总书记对教师、对青年提出 "以实现中华民族伟大复兴为己任" 的希望，坚持立德树人和社会主义办学方向不动摇。

⑨ "传播正能量" 为湖南大众传媒职业技术学院的学校精神。

⑩ "创意点亮人生" 为湖南大众传媒职业技术学院的校训。

⑪ "山色空濛，湖光荡漾" 意指湖南大众传媒职业技术学院以校园自然天成的湖山为代表的优越环境。

第四节　校训

湖南大众传媒职业技术学院校训：

创意点亮人生

"创意" 语出汉代王充《论衡·超奇》"孔子得史记以作《春秋》，及其立义创意"。其现代意义源于英文 "originality"，指提出有创造性的想法、构思、新意或意境，其实质是独特的、原创的、有意义的产生新事物的能力。

在人文科学中，"创意"被看成传统的叛逆和打破常规的哲学，是一种智能的拓展。湖南大众传媒职业技术学院办学的行业支撑为现代文化创意产业，文化创意产业以创造力为核心，主要包括广播影视、动漫、音像、传媒、视觉艺术、表演艺术、工艺与设计、雕塑、环境艺术、广告装潢、服装设计、软件和计算机服务等方面的创意群体，是人类突破原有或传统的思维和行为模式，以全新的姿态所展现出的新业态。

湖南大众传媒职业技术学院选用"创意点亮人生"作为校训，重在倡导一种精神追求，而不止于对师生具体的行为规范，是学校办学理念和精神追求的集中体现。

追求"创意"符合湖南大众传媒职业技术学院的专业定位。传媒业属于文化产业，文化产业的核心在于"创意"。湖南大众传媒职业技术学院作为全国较早成立的传媒类高等职业学院，开办的主要专业均为面向文化创意产业，培养具有创意思维、传播能力的高技能应用型人才，追求个性化和新意是这类人才应有的秉性。"创意"彰显了学校办学定位与特色。

直面"人生"符合湖南大众传媒职业技术学院的育人理念。湖南大众传媒职业技术学院始终把教育指向学生的成长与成才，把人的发展作为人才培养的终极目标。"创意"不仅可以照亮学生的成才、成功之路，也能使师生的人生更加充满意义，符合现代大学精神的特质。

"点亮"一词平实而富有诗意。"点"既可理解为"点子"（即英文中的 idea），也可理解为"瞬间智慧火花的迸发"，是一个厚积薄发的过程；"亮"则彰显了人的发展中诗意般的结果，它不是一个具体的目标，而是一种理想的状态。

"创意点亮人生"采用平白的现代汉语句式，响亮、易懂、易于识记，但又不流于"口号化"的平淡，整个语句富于动感，拥有广博的想象空间。

"创意点亮人生"高度凝练了湖南大众传媒职业技术学院的办学特色和文化内涵，不仅在语言形式上具有鲜明的个性，更在内容上摆脱了单一的"训导"式表达，成为全校师生共同的精神追求。

第五节　学校精神

湖南大众传媒职业技术学院精神：

传播正能量

学校精神作为学校文化的一部分，是学校文化的核心和集中体现。它建立在对教育的本质、办学规律和时代特征的深刻认识的基础上，是在长期的教育教学过程中积淀下来的群体意识、思维活动和心理状态。

湖南大众传媒职业技术学院精神是学校自身存在和发展中形成的，具有独特气质的精神形式的文明成果，是学校在办学过程中积淀而成的稳定的共同的理想、信念和追求，是对校训的进一步升华，并外化为学校的办学理念、课程设置、教学研究、育人环境等具体载体，成为引领全校师生改革发展的精神力量。作为一所传媒类高等职业院校，湖南大众传媒职业技术学院担负着为传媒行业、文化产业培养高技能应用型人才的使命，对教师而言，应当牢记立德树人根本任务，担当教书育人使命，自觉成为传播社会正能量的主力军；对学生而言，作为传媒业的后备人才，志存高远，唱响主旋律，讲好中国故事，做传播正能量的传媒人。

"传播正能量"成为湖南大众传媒职业技术学院全体师生和校友的共同精神追求。

25

第六节　校风

湖南大众传媒职业技术学院校风：

崇德尚能　守正创新

校风是学校在办学过程中长期积淀而成的具有行为和道德意义的风气，是在共同目标下经过全体师生员工长期努力而形成的学校特有的，占主导地位的行为习惯和群体风尚，是师生的思想、道德、纪律、作风以及治学态度、精神面貌、是非标准和审美情趣的综合反映和外在表现。它包括干部的工作作风，教师的教风和学生的学风以及学校积淀的传统文化精神、学术探索所形成的风气和氛围，集中体现了学院的办学理念、育人方针、学术追求和办学特色。

"崇德"语出《礼记·王制》的"上贤以崇德"，既指推崇高尚的德行，又指崇尚有德之人。"崇德"是中国历代知识分子的精神追求所在，湖南大众传媒职业技术学院把"崇德"列于校风首位，体现了学院追求具有民族精神和时代精神的道德理想，以弘扬社会主义核心价值体系为己任，体现学院"立德树人、德育为先"的办学理念。

"尚能"倡导广大教师严谨治学，努力提高自身教学、科研和社会服务能力，具有善教之能；激励学生不断提高学习、实践、创新、协作和适应社会等各种能力。湖南大众传媒职业技术学院作为高等职业院校，牢记职业教育使命，致力于走产教融合的职教之路，尤其注重高素质应用型人才的能力培养和提高。

"守正"意指恪守正道，宣示湖南大众传媒职业技术学院始终坚持正确的办学方向和价值判断，弘扬正风正气。倡导教师尊重和传承人类社会优秀道德规范，形成扎实的知识技能结构，并教育学生形成良好的道德认知和道德自觉，培养学生坚持正确舆论导向的底线意识，以强大的传播力、引导力、影响力传播正能量。

"创新"是湖南大众传媒职业技术学院开拓进取的精神源泉，也是创意的基础。它倡导全体师生不墨守成规，解放思想，与时俱进，始终怀抱追求卓越的奋斗之心、改革精神，不断将学院各项事业提升到新境界、新高度、新水平。

"崇德尚能 守正创新"的校风体现了学院师生求知治学、教书育人的科学态度和价值追求，即为办好人民满意的传媒职业教育，不断追求真理、勇于创新的时代精神和追求卓越、日臻完善的宏大抱负，是学院师生共有的精神特质。

第七节 教风

湖南大众传媒职业技术学院教风：

正己立人 言传身教

教风是教师的德与才的统一性表现，体现着教师高尚的行为准则和道德风范，是教师整体素质的核心，是教师道德、才学、作风、素养、治教的集中反映，是保证和提高教育教学质量的前提。

湖南大众传媒职业技术学院教风为"正己立人 言传身教"。

"正己"引申自著名职业教育家陶行知先生的名言"学高为师，身正为范"，意指教师须在注重学识的同时，不断完善人格修养，追求卓越的师德风范，做习近平总书记提出的"有理想信念、有道德情操、有扎实知识、有仁爱之心"的好老师。

"立人"取自教育家、思想家蔡元培先生提出的"教学启智，树德立人"，反映了教师治教的终极目标和任务，体现了学校教学相长、德才兼备的教育教学思想。

"言传身教"意指用言语讲解、传授，以行动示范。既可理解为教师对学生在传道授业上的行为要求，又体现职业教育中注重应用能力培养的实践性教学理念。

湖南大众传媒职业技术学院"正己立人 言传身教"的教风，分别从学识、德行、授业、育人等角度，阐释了学校通过倡导教师注重培养正直的人格品质和完善的知识技能结构，实现以崇高的道德引导人，以渊博的知识培养人的教育理念。

第八节　学风

湖南大众传媒职业技术学院学风：

厚德博学　知行合一

学风泛指学校师生共同尊崇的学习风气和学术风气，也指学生在长期的学习过程中形成的一种相对稳定的风气与氛围，它是学生总体学习质量和学习面貌的主要标志，是全体学生群体心理和行为在治学上的综合表现。

湖南大众传媒职业技术学院学风为"厚德博学　知行合一"。

"厚德"出自《易经》"地势坤，君子以厚德载物"。湖南大众传媒职业技术学院注重大学生思想政治工作，以德为先，培养学生的日常道德修养，具有良好的个人品德、社会公德。同时胸怀高远，树立为"中华民族伟大复兴努力奋斗"之大德，肩负历史与时代赋予的使命和责任。

"博学"出自《礼记·中庸》"博学之，审问之，慎思之，明辨之，笃行之"。指广泛学习，学识渊博。体现湖南大众传媒职业技术学院作为一所传媒类高职院校，在人才培养中注重广博知识和综合人文素养的规格要求。

"知行合一"源自明代思想家王守仁提出的哲学思想，近代职业教育家陶行知也倡导"知行合一"，认为"行是知之始，知是行之成"，强调知识理论的学习与实践能力的统一。湖南大众传媒职业技术学院始终遵从职业教育注重实践能力的理念，注重专业知识与实践技能相统一。

第九节　校庆

湖南大众传媒职业技术学院校庆日为每年五月的最后一个星期六。

　　湖南大众传媒职业技术学院校庆 10 周年标识为"大众传媒"+校名+"2000-2010"年号字样组合。

　　湖南大众传媒职业技术学院建校 20 周年主标识为相机胶卷与镜头+校徽图案的组合,构成"20"字样。采用橙色调,寓意为"创意"。"〇"字图案外圈用 Wi-Fi 符号的抽象表达,表示融媒体互联网时代的传媒特征。(设计者:艺术设计专业 1902 班邓可亦)

　　湖南大众传媒职业技术学院建校 20 周年宣传海报,以抽象的"20"的数字造型为主图案,采用橙、红两种暖色调搭配,配以小矢量图重复元素"2000"和"2020"数字造型。右下方为建校 20 周年主题宣传

语：逐梦二十年，我们正青春。（设计者：艺术设计专业 1902 班张琦）

　　湖南大众传媒职业技术学院建校 20 周年纪念徽标，采用学校的校徽元素为主图案和色调，将学校的图书馆建筑轮廓与 2000-2020 数字进行融合，数字造型运用校徽中胶片元素，寓意学校的传媒专业属性。（设计者：艺术设计专业 1902 班张琦）

建校 20 周年庆祝大会

第十节　学报

　　《湖南大众传媒职业技术学院学报》（季刊）创刊于 2001 年 9 月，是湖南大众传媒职业技术学院主办的公开发行的学术期刊，由湖南省教育厅主管。《湖南大众传媒职业技术学院学报》以"繁荣新闻与传播理论，促进传媒事业发展，提高科研学术水平，提升学院办学品位"为办刊宗旨，坚持以马克思列宁主义、毛泽东思想、邓小平理论、"三个代表"重要思想、科学发展观、习近平新时代中国特色社会主义思想为指导，坚持正确的舆论导向和出版方向，始终把社会效益放在第一位，注重突出传媒特色，紧跟传媒实践。该期刊 2003 年被评为"全国地方高校优秀学报"，2004 年被评为"全国高职高专优秀学报"，2010

年被评为"湖南省高等学校优秀学报"，2014年成为国家新闻出版广电总局第一批认定学术期刊，2015年、2017年连续被评为"全国高职高专成高学报核心期刊"。

第十一节　章程

湖南大众传媒职业技术学院章程

2015 年 12 月 2 日

经湖南省高等学校章程核准委员会评议通过，

省教育厅核准（湖南省高等学校章程核准书第 39 号）

序　言

　　湖南大众传媒职业技术学院（以下简称"学校"）前身可溯源到 1912 年成立的涵德女子职业学校。1949 年 8 月，中国人民银行湖南省分行在长沙市开设干部培训班（简称"银干班"）。1951 年 7 月，学校在"银干班"的基础上，接收长沙市私立昭信会计学校和涵德女子职业学校，成立湖南银行学校。2000 年 7 月，经湖南省人民政府批准，在原湖南银行学校和湖南教育电视台的基础上，按"前台后院"模式组建湖南大众传媒职业技术学院。2002 年，长沙县教师进修学校并入；2004 年 12 月，湖南省广播电视学校并入。

　　学校现为国家示范（骨干）高等职业学院、湖南广播电视台节目生产基地、孔子学院总部/国家汉办在湖南设立的"国际汉语言文化传播基地"依托学校，被誉为"广电湘军"的摇篮。

　　学校秉持"创意点亮人生"校训，实施"引台兴校、原创强校、服务荣校"的发展战略，立足湖南经济和社会发展要求，致力于培养传媒产业与文化事业需要的综合素质高、沟通能力强的创意型技术技能人才。学校坚持校企合作、工学结合，坚持质量与效益并重，努力建设高水平特色学校，在全国传媒职业教育中发挥示范引领作用。

第一章　总　则

　　第一条　为保障学校依法办学，规范学校管理，根据《中华人民共和国教育法》《中华人民共和国高等教育法》《中华人民共和国职业教育法》等法律法规和相关政策制度，制定本章程。

第二条　学校名称为湖南大众传媒职业技术学院，英文名称为 Hunan Mass Media Vocational and Technical College。

第三条　学校有两个校区，一个校区位于湖南省长沙市星沙经济技术开发区天华路 322 号（北院）。另一个校区位于长沙市雨花区新建西路 77 号（南院）。

第四条　学校由湖南省人民政府举办，是湖南省教育厅、湖南省新闻出版广电局、湖南广播电视台共建，湖南省教育厅主管的全日制普通高等学校。

第五条　学校为具有独立法人资格的非营利性事业单位，依法享有办学自主权，独立承担法律责任。

院长为学校的法定代表人。

第六条　学校举办者依法核准学校章程，任免学校负责人，监督学校贯彻党和国家的路线方针政策以及对经费与资产的管理；为学校提供办学资源和稳定的经费投入，尊重并保障学校的独立法人地位和办学自主权，保障学校事务不受校外任何组织、个人和机构的非法干涉。

第七条　学校坚持社会主义办学方向，全面贯彻党和国家的教育方针，培养中国特色社会主义事业的建设者和接班人。

第八条　学校实行中国共产党湖南大众传媒职业技术学院委员会（以下简称"学校党委"）领导下的院长负责制，坚持教授治学、民主管理。

第九条　学校实行校、院（部）两级管理体制。

第十条　学校坚持依法治校，建立健全现代大学制度，不断完善内部治理结构，提高治理能力。

第十一条　学校实行党务公开、校务公开、信息公开制度，主动接受学校举办者、上级主管部门、校内师生员工和社会各界的监督。

第十二条　学校追求公平、关怀和成就感的实现，为师生员工的工作、学习和生活提供完善的管理与服务。

第二章　职能与任务

第十三条　学校以人才培养为根本任务，履行教育教学、科学研究、社会服务、文化传承与创新等职能。

第十四条　学校实施高等职业技术教育，不断拓展继续教育、职业培训。学校主要教育形式为全日制学历教育，以专科层次教育为主，积极参与现代职业教育体系建设，搭建高等教育"立交桥"。

第十五条　学校根据国家战略、社会需要和本校实际，自主设置和调整专业，大力推进重点专业与特色专业群建设。

第十六条　学校根据自身办学条件和国家核定的办学规模，自主制定招生方案，调节各专业的招生比例。

第十七条　学校根据社会人才需求，自主制定和实施人才培养方案，选编教材，组织实施教育教学活动，建立健全教学质量保障和监控体系，确保人才培养质量。

第十八条　学校依法自主调整学生的修业年限，依法依规向学生颁发毕业证书或学业证书。

第十九条　学校根据自身优势，主要面向传媒产业与高等职业教育领域，自主开展应用科学研究及技术开发、社会服务、文化传承创新活动，推进产学研协同创新和成果转化。

第二十条　学校根据精简效能原则，自主确定内部组织机构的设置和人员配备，按照国家有关规定评聘教师和其他专业技术人员的职务，调整津贴及分配。

第二十一条　学校按照国家有关规定，自主开展国际合作与交流，设立中外合作办学项目和办学机构，招收培养国（境）外学生，不断提升国际声誉和办学水平。

第二十二条 学校坚持以先进文化为引领，弘扬和践行社会主义核心价值观，弘扬时代主旋律，教育师生员工树立正确的理想信念，大力发展创意文化。

第三章 学 生

第二十三条 学生是指被学校依法录取、取得入学资格、具有学校学籍的受教育者。学生是学校教育教学活动的主体。

第二十四条 学生享有下列权利：

（一）公平接受学校教育，参加学校教育教学计划安排的各项活动，平等利用学校公共教育资源，获得增强实践与创新能力的基本条件保障；

（二）按规定条件和程序选择专业，跨专业、院（部）选修课程；

（三）获得全面的素质教育，在思想品德、学业成绩等方面获得公正评价；

（四）完成学校规定的学业后，获得相应的学历证书；

（五）在校内依法依规组织和参加学生社团，参加社会服务、勤工助学及文娱体育等活动；

（六）公平获得各级各类荣誉称号和奖励；

（七）知悉涉及个人切身利益的重大决定和重要事项，对教学管理、校园文化、后勤服务、校园安全等工作提出意见和建议；

（八）对学校做出的处理、处分或涉及自身利益的相关决定表达异议，对学校及教职工侵犯人身权和财产权的行为提出申诉或依法提起诉讼；

（九）国家法律法规及学校规章规定的其他权利。

第二十五条　学生应履行下列义务：

（一）遵守国家法律法规和学校规章制度；

（二）努力学习，完成学业，修德践行，完善人格；

（三）珍惜学校名誉，维护学校利益；

（四）遵守学校学籍管理规定和学生行为规范；

（五）遵守学校考试制度和获得学历证书的相应规定；

（六）按规定及时缴纳学费及有关费用；

（七）爱护并合理使用教育设备和生活设施；

（八）国家法律法规和学校规章规定的其他义务。

第二十六条　学校为学生的健康成长和就业创业提供必要的帮助；做好学生心理健康教育与咨询，加强学生就业创业教育与指导。

第二十七条　学校建立健全经济困难学生资助制度，认真落实学生"奖、贷、减、免、助"政策，关心和帮助在学习和生活中遇到困难的学生顺利完成学业。

第二十八条　学校建立学生考核评价和奖惩机制，对取得优异成绩和为学校争得荣誉的学生集体或个人进行奖励表彰；对违纪违规学生给予批评教育或相应的纪律处分；对违法的学生移送司法机关处理。

第二十九条　学生可基于共同兴趣爱好以及成长成才的需要，依法组织学生社团，自主开展相关活动。

第三十条　学校建立健全学生权益保护机制，设立学生申诉处理委员会，负责受理学生对退学处理、违纪违规处分的申诉，维护学生的合法权益。

第三十一条　在学校接受培训、在职学习等其他类型的无学籍学员，其权利和义务由学员与学校按照平等自愿的原则依法另行约定。学员按照国家法律法规和约定，享有相应的权利，履行相应的义务。

第四章 教职工

第三十二条 学校教职工由教师、其他专业技术人员、管理人员和工勤人员等组成。

教师是学校办学的主要依靠力量。

第三十三条 教职工享有下列权利：

（一）按工作职责合理使用学校的公共资源；

（二）公平获得自身发展所需的相应工作机会和条件；

（三）在品德、能力和业绩等方面获得公正评价；

（四）公平获得各级各类奖励及各种荣誉称号；

（五）知悉学院改革、建设和发展及关涉切身利益的重大决策与重要事项；

（六）参与民主管理，对学院工作提出意见和建议；

（七）就职称、职务、福利待遇、评优评奖、纪律处分等事项表达异议或提出申诉；

（八）国家法律法规和学校规章或聘约规定的其他权利。

第三十四条 教职工应履行下列义务：

（一）遵守国家法律法规和学校规章制度；

（二）珍惜学校名誉，维护学校利益；

（三）勤奋工作，尽职尽责；

（四）尊重和爱护学生，教书育人、管理育人、服务育人；

（五）遵守学术规范，恪守职业道德；

（六）履行国家法律法规和学校规章或聘约规定的其他义务。

第三十五条 学校对教职工实行下列任职和聘用制度：对教师实行教师资格认证和教师职务与岗位聘用制度，对其他专业技术人员实行专业技术职务与岗位聘用制度，对管理人员实行职员岗位聘用制度，对工勤人员实行工勤技能岗位聘用和劳动合同制度。

第三十六条 学校对教职工实行工作绩效定期考核制度，建立以自评为基础的评价机制，考核与评价结果作为对各类人员聘用、晋升、奖惩、解聘的重要依据。

第三十七条 学校建立教职工表彰奖惩机制，对在办学活动中做出突出成绩与贡献的教职工给予表彰和奖励；对违法违规违纪的教职工给予相应的批评教育或必要的纪律处分。

第三十八条 学校维护学术自由，尊重和爱护人才，为教师开展教学和科学研究、自主进行学术与技术创新提供必要的条件和保障。

第三十九条 学校坚持学术自律，规范教师行为，引领教师树立良好的道德风尚。

第四十条 学校实行教职工进修与培训制度，不断提高教职工的思想素质和业务水平。

第四十一条 学校建立教职工福利待遇合理增长机制，按照有关规定和自身条件，不断提高教职工的福利待遇水平。

第四十二条 学校建立健全教职工休假和离退休制度，做好离退休教职工的管理和服务工作。

第四十三条 学校建立健全教职工权益保护机制，依法、依规维护教职工的合法权益。

第四十四条 外聘专家、兼职教授、客座教授、名誉教授、访问学者等其他教育、研究、管理工作者，在本校工作期间，依法、依规、依约享有相应权利，履行相应义务。

第五章 治理结构

第一节 学校党委

第四十五条 学校党委是学校的领导核心，统一领导学校工作，履行党章等规定的各项职责，把握发展方向，决定重大问题，监督重大决议执行，支持院长依法独立负责地行使职权，保证以人才培养为中心的各项任务完成。

学校党委的主要职责是：

（一）全面贯彻执行党的路线方针政策、党的教育方针，坚持社会主义办学方向，坚持立德树人、依法治校，依靠全校师生员工推动学校科学发展，培养德智体美全面发展的中国特色社会主义事业的合格建设者和可靠接班人。

（二）讨论决定事关学校改革发展的稳定，以及教学、科研、行政管理中的重大事项和基本管理制度。尊重并支持教授委员会独立行使职权，并为教授委员会正常开展工作提供必要的条件、保障。

（三）坚持党管干部原则。按照干部管理权限负责干部的选拔、教育、培养、考核和监督，讨论决定学校内部组织机构的设置及其负责人的人选，依照有关程序推荐院级领导干部和后备干部人选。做好老干部工作。

（四）坚持党管人才原则。讨论决定学校人才工作规划和重大人才政策，创新人才工作体制机制，优化人才成长环境，统筹推进学校各类人才队伍建设。

（五）领导学校思想政治工作和德育工作。坚持用中国特色社会主义理论体系武装全校师生员工头脑，培育和践行社会主义核心价值观，牢牢掌握学校意识形态工作的领导权、管理权、话语权。维护学校的安全稳定，促进和谐校园建设。

（六）加强大学文化建设，发挥文化育人作用，培育良好校风、学风、教风。

（七）加强对学校二级学院等基层党组织的领导，做好发展党员和党员教育、管理、服务工作，发展党内基层民主，充分发挥基层党组织的战斗堡垒作用和党员的先锋模范作用。加强学校党委自身建设。

（八）领导学校党的纪律检查工作，落实党风廉政建设主体责任，推进惩治和预防腐败体系建设。

（九）领导中国教育工会湖南大众传媒职业技术学院委员会（以下简称"学校工会"）、共青团、学生代表大会等群众组织和教职工代表大会，做好统一战线工作。

（十）讨论决定其他事关全校师生员工切身利益的重要事项。

第四十六条　学校党委实行集体领导与个人分工负责相结合的制度，坚持民主集中制，集体讨论决定学校重大问题和重要事项，领导班子成员按照分工履行职责。

第四十七条　学校党委成员由党员代表大会选举产生，设党委书记1名、副书记2名、纪委书记1名、党委委员若干名。党委书记按照干部管理权限选举或任命。

第四十八条　党委书记主持党委全面工作，负责组织党委重要活动，协调党委领导班子成员工作，督促、检查党委决议的贯彻落实，主动协调党委与院长之间的工作关系，支持院长独立行使职权。

第四十九条　党委会议由党委书记召集并主持，全体党委委员参加，根据会议内容，可要求非党委成员的副院长、工会主席及党委职能部门负责人列席。党委会议实行民主集中制和党委书记"末位表态"制。

第五十条　学校设立中国共产党湖南大众传媒职业技术学院纪律检查委员会，落实党风廉政建设监督责任，通过党内监督引领行政监督、学术监督和职工民主监督。

第二节　院　长

第五十一条　院长是学校行政的主要负责人，在学校党委的领导下贯彻党的教育方针，组织实施学校党委的有关决议，行使高等教育法等规定的各项职权，全面负责教学、科研、社会服务和行政管理工作。

院长的主要职权是：

（一）组织拟订和实施学校发展规划、基本管理制度、重要行政规章制度、重大教学科研改革措施、重要办学资源配置方案。组织制定和实施具体规章制度、年度工作计划。

（二）组织拟订和实施学校内部组织机构的设置方案。按照国家法律和干部选拔任用工作有关规定，推荐副院长和总会计师人选，任免内部组织机构的负责人。

（三）组织拟订和实施学校人才发展规划、重要人才政策和重大人才工程计划。负责教师队伍建设，依据有关规定聘任与解聘教师及内部其他工作人员。

（四）组织拟订和实施学校重大基本建设、年度经费预算等方案。加强财务管理和审计监督，管理和保护学校资产。

（五）组织开展教学活动和科学研究，创新人才培养机制，提高人才培养质量，推进文化传承创新，服务国家和地方经济社会发展，把学校办出特色，争创一流。

（六）组织开展思想品德教育，负责学生学籍管理并实施奖励或处分，开展招生和就业工作。

（七）做好学校安全稳定和后勤保障工作。

（八）组织开展学校对外交流与合作，依法代表学校与各级政府、社会各界和境外机构等签署合作协议，接受社会捐赠。

（九）向党委报告重大决议执行情况，向教职工代表大会报告工作，组织处理教职工代表大会、学生代表大会、工会会员代表大会和团员代表大会有关行政工作的提案。支持学校各级党组织、民主党派基层组织、群众组织和学术组织开展工作。

（十）履行法律法规和学校章程规定的其他职权。

第五十二条 学校行政实行院长统一领导、副院长分工负责、职能部门组织实施的工作机制。

院长、副院长按照高等学校干部管理权限、程序和任职条件进行选任。

第五十三条 院长办公会是学校行政议事决策机构，是院长行使职权的重要形式，主要研究提出拟由党委讨论决定的重要事项方案，具体部署落实党委决议的有关措施，研究处理教学、科研、社会服务和行政管理工作。

院长办公会议由院长召集并主持，会议成员为学校行政领导班子成员，工会主席和监察部门及学校行政职能部门的负责人列席。院长在广泛听取与会人员意见的基础上，对讨论研究的事项作出决定。党委书记、专职副书记、纪委书记可视议题情况酌情参加会议。

第三节 教授委员会

第五十四条 学校设立教授委员会。教授委员会是学校的最高学术机构，统筹行使学术事务的决策、审议、评定、咨询及学术纠纷的裁决权。

教授委员会接受全体教师的监督。

第五十五条 教授委员会的主要职权：

（一）对下列事项进行审议并直接作出决定：

1. 教学科研成果、人才培养质量的评价标准及考核办法；

2. 学校教师职务聘任的学术标准与办法；

3. 学术评价、争议处理规则，学术道德规范。

（二）对下列事项进行评定：

1. 学校教学、科研项目的立项及其成果的鉴定和奖励，对外推荐教学、科研成果奖项；

2. 拟引进人才、重要学术组织任职推荐人选、人才选拔培养计划人选的学术水平；

3. 学校自主设立的各类学术、科研基金，科研项目以及教学、科研奖项等。

（三）对下列事项提出咨询意见：

1. 制定与学术事务相关的重大发展规划和发展战略；

2. 学校专业（课程）建设和师资队伍建设规划、专业设置与学术资源的配置方案、人才培养方案；

3. 学校预决算中教学、科研经费的安排和分配使用，教学、科研重大项目的申报及资金的分配使用；

4. 中外合作办学，社会服务重大项目合作。

（四）按照有关规定及学校委托，受理有关学术不端行为的举报并进行调查，裁决学术纠纷。

（五）其他需要教授委员会决策、审议、评定、咨询的学术事项。

第五十六条　教授委员会由学校具有高级职称的在职人员组成，其中非教师系列职称的成员人数不超过30%。

教授委员会委员按照设定标准和名额配置，通过自下而上的民主推荐程序产生。

教授委员会设主任委员 1 名、秘书长 1 名，下设秘书处，负责教授委员会的日常事务工作。教授委员会会议由主任委员召集并主持，到会人数达到应到会人数的三分之二以上（含）方可开会，对重要事项的决策采用票决制，三分之二（含）以上到会成员赞成方能通过。

教授委员会可根据需要设立若干专门委员会。

第四节　教职工代表大会、群团组织和民主党派

第五十七条　教职工代表大会（以下简称"教代会"）是教职工依法参与学校民主管理和监督的基本形式。

教代会的主要职权是：

（一）听取学校章程草案的制定和修订情况报告，提出修改意见和建议；

（二）听取学校发展规划、教职工队伍建设、教育教学改革、校园建设，以及其他重大改革和重大问题解决方案的报告，提出意见和建议；

（三）听取学校年度工作、财务工作、工会工作报告以及其他专项工作报告，提出意见和建议；

（四）讨论通过学校提出的与教职工利益直接相关的福利、校内分配实施方案，以及相应的教职工聘任、考核、奖惩办法；

（五）审议学校上一届（次）教职工代表大会提案的办理情况报告；

（六）按照有关工作规定和安排评议学校领导干部；

（七）通过多种方式对学校工作提出意见和建议，监督学校章程、规章制度和决策的落实，提出整改意见和建议；

（八）讨论法律、法规、规章的规定，以及学校与中国教育工会湖南大众传媒职业技术学院委员会商定的其他事项。

第五十八条　教代会代表按配额由教职工直接选举产生，以教师为主体，实行任期制，任期 5 年，可连选连任。教代会每年至少召开一次。

学校建立教代会问责机制。

第五十九条 中国教育工会湖南大众传媒职业技术学院委员会是在学校党委和上级工会的领导下教职工自愿参加的群众组织，按照《中华人民共和国工会法》和《中国工会章程》开展工作，履行职责。

学校工会是教代会的工作机构，承担与教代会相关的工作职责，在教代会闭会期间处理教代会日常事务。

按照工会职责和学校实际，学校工会承担离退休干部管理服务、计划生育管理和关心下一代协会的工作。

第六十条 中国共产主义青年团湖南大众传媒职业技术学院委员会（以下简称"学校团委"）是在学校党委和上级团委领导下的青年群众组织，按照《中国共产主义青年团章程》开展工作，组织思想政治教育，引导校园文化建设，维护学生合法权益，提高学生综合素质，参与和监督学校管理。

第六十一条 学生代表大会（以下简称"学生会"）是学校联系学生的桥梁和纽带，是学生参与学校民主管理的重要形式。学校定期召开学生代表大会，听取学生代表的意见和建议，鼓励和支持学生参与学校的民主管理，维护自身利益。

学生会是学生自治组织，在学校党委的领导和学校团委的指导下，开展学生自我服务、自我管理、自我教育活动。

第六十二条 各民主党派和社会团体在学校党委的领导下，按照各自章程开展活动，参与学校民主管理和监督。

第六章 教学科研单位、教辅部门与内设机构

第六十三条 学校根据需要设立二级学院。二级学院作为教育教学、科学研究、社会服务、文化传承与创新的具体组织实施者，在学校授权范围内实行自主管理，对所辖专业承担教学质量保障、学生管理、

招生与就业工作的主要责任。

第六十四条 二级学院可以在以下方面实行自主管理：

（一）人才培养方案制定权。在学校人才培养方案总学时、总学分和通识课程的控制幅度内，自主确定专业课程的设置和人才培养方案的其他要素。

（二）常规教学运行管理权。自主安排教学任务，选择专业教材，实行考务管理、实践教学管理、教学质量监控等常规教学工作。

（三）校级科研课题与教学项目评审权。在学校给定的等级名额范围内，自行组织科研课题申报、评审教研教改项目和科研课题，结果报学校认定、发布。

（四）学生一般奖惩权。自行研究决定学生"记大过"以下（含）处分，报学校相应职能部门备案。

（五）勤工俭学安排权。在学校核定、分配的岗位数内，对本院学生的勤工俭学进行安排、监管、考核和奖惩，并接受学校有关职能部门的指导与协调。

（六）内部用人自主权。在学校核定的编制内，按照上级人事管理有关规定自主聘任内设部门与组织负责人。对学院内部工作人员（不含党政正副职）进行调配，报组织人事处备案。在学校核定的编制数内，根据专业设置、招生规模和师资结构等情况，提出师资招聘计划和条件，报学校审批，由学校统一向社会公开招聘。根据专业和职称结构状况，对教师职称进行考评与推荐。对教职工进行考勤、考绩和院内解聘。

（七）经费使用自主权。对学校按课时总量包干、切块下拨的常规经费，按照学校规定，可在经费大类内部调剂使用。对学院副职及以下工作人员学期综合奖金和年度增发奖金自主分配。对学校在预算额度内切块下拨给学院的部分实训室建设与维护费，灵活使用与管理。

第六十五条 二级学院领导班子由院长、党总支书记、副院长、党总支副书记组成，实行党政分工合作负责制。二级学院院长主要负责教学、科研、社会服务、专业与课程建设、师资队伍建设等工作；党总支书记主要负责党建与思想政治工作、学生管理与招生就业等工作。

第六十六条 二级学院内设机构为综合办公室、教学科研办公室、学生工作办公室，按专业群设若干教学系，在教学系下按专业设若干教研室。

第六十七条 二级学院建立党政联席会议制度。党政联席会议是二级学院重要事项的议事决策形式。二级学院教学、科研、管理、党建和思想政治工作中的重要问题必须经党政联席会议讨论决定。党政联席会议按照会议内容分别由院长和党总支书记召集并主持，学院领导班子成员参加，内设机构负责人和教学系主任列席。

第六十八条 二级学院设立学术评议委员会，负责本院的学术评议工作。

第六十九条 二级学院设立分工会和团总支，按照相关章程行使职能。

第七十条 学校根据需要设立相关公共课程教学部。教学部比照二级学院进行管理。

第七十一条 学校设立教学督导组织，建立健全教学管理和质量监控体系。教学督导组织的主要职责是对教学内容、方法、手段、效果及相关管理，进行检查、监督、指导和评价。

第七十二条 学校设立图书馆（图文信息中心）、实训中心、校园广播电视台、学报编辑部、继续教育中心等教学辅助机构，为教职工和学生提供教学、科研、学习和工作方面的服务。

第七十三条　学校根据需要设立若干研究所和工作室，引导学术团队从事科学研究和社会服务工作。

第七十四条　学校根据内部管理需要，设立党政职能部门。党政职能部门是学校党委和行政系统的办事机构，发挥参谋、组织、协调、服务和监督的作用。

第七十五条　学校附属的具有独立法人资格的单位，依照法律法规和学校相关制度实行相对独立的运营与管理。

第七十六条　学校可根据需要设立议事协调机构，也可与外界缔结协议设立联合组织机构，开展合作办学、合作研究与技术开发、社会实践等活动。

第七章　学校与社会

第七十七条　学校依法实行信息公开，公布教育质量年度报告，引入社会多元评价机制，自觉接受社会监督并回应社会的问责。

第七十八条　学校以资源共享、优势互补、共同发展为宗旨，牵头组建湖南文化产业职业教育集团。通过加强校际合作、校企合作、学校与行业协会及科研机构合作，优化资源配置，形成以学校为主体，以企业、行业协会、科研机构为依托的跨区域、跨行业、多元化办学体系，建立良性互动、合作双赢、共同发展的长效机制，不断创新人才培养模式，提升文化产业职业教育的综合实力。

湖南文化产业职业教育集团属非营利性职业教育联合体，实行理事会常任制，依照其章程开展活动。

第七十九条　为加强专业建设，保证人才培养质量，更好地适应地方经济建设与社会发展的需要，学校各二级学院均应设立专业建设指导委员会。专业建设指导委员会由专业带头人、教育专家、行业专家、企业领导、专业技术人员等组成，在二级学院院长的领导下开展工作，负责专业建设规划及新增专业的论证，制定和调整专业建设方案，指导建立产学合作的运行机制和管理机制，审议各专业人才培养方案和课程教学大纲。

第八十条　学校依法成立理事会。理事会是学校利益相关者共同治理学校的重要组织形式和制度平台，是支持学校发展的咨询、协商、审议与监督机构。其主要职责和作用是：密切社会联系，扩大决策民主，争取社会支持，完善监督机制。

理事会依据法律法规和其章程开展活动，履行职责。

第八十一条　学校设立教育基金会，依照法律法规和自身章程开展活动。学校自主接受机构、组织及个人无偿捐赠的合法财产，按照捐赠的意愿合理管理和使用。

第八十二条　学校设立校友会，以多种方式联系和服务校友，凝聚校友力量，鼓励校友参与学校的建设与发展，发挥校友在办学治校中的咨询议事和监督作用。学校支持校友会工作，为校友会的发展提供必要的保障。

在学校工作、学习过的人士，以及享有学校荣誉证书及荣誉称号的人士均为本校校友。

第八章　经费、资产与后勤

第八十三条　学校经费来源主要包括财政补助收入、事业收入和其他收入。

学校积极拓展办学经费来源渠道，广泛吸纳社会捐赠，筹措事业发展资金；鼓励和支持校内各单位面向社会筹措教学、科研经费及各类奖助基金。

学校对拥有的经费自主管理和使用。

第八十四条　学校实行"统一领导、集中管理"的财务管理体制，建立健全财务预决算、集中核算、内部控制管理、经济责任审计监督等财务管理制度，控制财务风险，保证资金运行安全。

第八十五条 学校资产属国有资产，包括利用国家财政资金形成的资产、国家无偿调拨给学校的资产、按照国家政策运用国家资产组织收入形成的资产、接受捐赠等经法律确认为国家所有的其他资产，其表现形式为流动资产、固定资产、在建工程和无形资产。

学校对拥有的资产享有法人财产权，依法自主管理和使用。

第八十六条 学校实行"统一领导、归口管理、分级负责、责任到人"的资产管理体制，建立健全资产采购、配置、使用和处置等管理制度，合理配置资源，确保资产的安全和完整，提高资源使用效率。

第八十七条 学校坚持勤俭办学，合理使用经费和资产，努力建设节约型学校。

第八十八条 学校依法保护并合理利用校名、校誉、校有知识产权等无形资产。

第八十九条 学校不断完善后勤管理和服务体系，为学生和教职工的学习、工作和生活提供有效的保障和服务。

第九十条 学校建立健全突发事件应急处置机制，加强安全教育，确保校园平安。

第九十一条 学校基本建设坚持"量力而行、满足发展需要"的原则，努力建设环境友好型"智慧校园"。

第九章 学校标识与校庆日

第九十二条 学校校徽是由"传媒"拼音的首字母"C"和"M"、学校成立年份2000和学校中英文校名组成的一个圆形标志，以蓝色为主色调。

第九十三条 学校校旗为由校徽主图案和校名组成的蓝色旗帜。

第九十四条 学校校歌，待定。

第九十五条 学校校庆日为每年五月份的最后一个星期六。

第十章 附 则

第九十六条 本章程的制定和修订经学校教代会讨论、院长办公会审议、党委会审定，由院长签发后，报湖南省教育厅核准。

第九十七条 本章程依据国家法律法规和学校发展需要，经院长办公会议提议或三分之一以上的代表提议，经学校党委同意后，可启动修订程序。

第九十八条 本章程是学校办学的基本准则，此前制定的规章制度与本章程不一致的，以本章程为准；此后制定的规章制度不得与本章程相抵触。

第九十九条 本章程由学校党委负责解释。

第一百条 本章程经湖南省教育厅核准后生效,自学校公布之日起实施。

第三章

文化活动品牌

校园文化活动品牌是校园文化的品牌化、成果化，是校园文化活动经过较长时间积淀而成的成果。湖南大众传媒职业技术学院在校园文化建设中，注重将大学精神和社会主义先进文化相融合，将传媒行业、文化产业的文化基因与职业教育的特点相结合，打造出一批受到师生广泛喜爱的、具有良好的普及度和美誉度的校园文化活动。

湖南大众传媒职业技术学院在校园文化活动品牌化发展的过程中，紧紧围绕文化育人这一校园文化活动品牌的核心价值进行合理定位，将校园文化活动与大学生的素质拓展、能力提升、专业发展相结合，使他们踊跃参与校园文化活动品牌建设，从而建立起对校园文化活动品牌的归属感和忠诚度。

充分挖掘出校园文化活动品牌的个性、品质和文化内涵，注重传承与创新，通过建立规范管理机制和评价体系，加强实践指导，在品牌的创立、塑造和维护的过程中提高校园文化的核心竞争力和影响力。

多年来，湖南大众传媒职业技术学院持续开展文化艺术节、田径运动会等常规的校园文化大型活动，同时紧扣专业特色，利用各类文体竞赛、展演、专业技能竞赛、志愿者活动等载体，开发了一系列具有传媒特征和专业特色的校园文化活动，培育了五彩融媒、青春传媒、演艺坊、声音工厂、视觉盛宴、青春影像、众创梦工厂、"守正"讲堂、书香校园等一系列校园文化活动精品项目，打造了一批有传媒文化特性、道德浸润功能的校园文化品牌活动。这些品牌活动得到全校师生的认可与赞誉，内化为师生的行为习惯与理念认同，同时通过校企、校地合作平台，加强文化项目的推广，成为区域文化繁荣和发展的一个重要组成部分，锻造出彰显学院作为传媒类高职院校独特个性魅力的闪亮"名片"。

第一节　五彩融媒

五彩融媒是湖南大众传媒职业技术学院发挥传媒专业优势而创办的网络育人文化活动品牌项目，该项目贯彻落实全国高校思想政治工作会议精神，主动适应媒介融合发展趋势，依托传媒职业院校的专业特点，打造出"红、绿、蓝、橙、金"五彩网络文化活动品牌，即：红色主旋律内容、蓝色技术支撑、绿色网络文明、橙色创意思维和金色理论与实践成果。

五彩融媒校园文化活动品牌创立于 2017 年，由党委宣传部主办，以学院融媒体中心、校园网络新媒体矩阵、"传媒通讯社"大学生记者团建设为契机，依托智慧校园、全媒体综合实训室等先进的技术设备优势，通过一系列校园文化活动，培养学生文明用网、办网习惯，提升网络文明素养，培育了一批具有鲜明湖湘传媒文化特征的网络育人产品，同时加强网络文化建设研究，形成了一系列理论成果，提升了融媒体网络育人效能。

五彩融媒发挥传媒专业优势，用"红色"主旋律占领网络阵地。以践行社会主义核心价值观、弘扬中华优秀传统文化等"红色"主题引领校园网络文化产品创作，各专业学生在专业实训的同时成为育人产品的生产者，接受"红色"主旋律文化的教育。适应"00后"大学生"指尖一代"的特点，以学生喜爱的形式、以贴近时代脉搏的内容为载体，把校园文化活动与学生的专业教育、心理健康教育、创新创业教育、安全文明教育、日常生活管理等紧密结合起来，充分利用重大主题、重要节点，开展如网络文化节、微视频展映、党史故事、"家乡的红色地标"摄影比赛等一系列文化活动，生产、发布一系列媒介产品，以学生喜闻乐见的呈现手段与接受形式，宣传习近平新时代中国特色社会主义思想和中华优秀传统文化，唱响校园主旋律。先后推出了新中国成立70周年主题MV《我和我的祖国》微视频、中国共产党成立100周年主题MV《东方红》、党史学习教育专题系列微视频——《书记说党史》、"四史"学习音频栏目——《众听》《青春告白祖国》大型网络直播等网络产品，推出了2019年参加国庆盛典群众游行民族团结方阵的湖南少数民族代表学生王静蕾、走进湖南卫视新闻镜头的疫情防控志愿者吴卓凡、被媒体广泛报道的见义勇为女大学生盘晨玉、志愿服务时长超1000小时的"学雷锋"先进典型大学生卿培明、湖南省首届"最美大学生"赵佳成、北京冬奥会志愿者彭相玉等大学生"网红"人物。

五彩融媒依托"蓝色"智慧校园项目，利用实景演播与虚拟演播结合的全媒体综合实训室等技术平台，为多个专业学生提供综合性技术平台与创作空间。结合专业教育，培养学生"绿色"文明用网习惯，在校园文化活动中注重突出传媒职业道德、伦理法规和媒介素养，培养学生网络安全意识、信息识别能力和传播能力。以融媒体中心"传媒通讯社"学生记者团为骨干，组建了一批政治素质好、热心宣传工作的学生网宣队伍，选拔优秀学生加入融媒体中心与易班发展中心，开展涉网学生社团互联网思维、新媒体运营等培训，定期举办网络安全宣传活动，培养学生的网络安全意识和舆情鉴别与监控能力。

加强网络育人研究，形成以"金色"成果为标志的网络文化育人经验。五彩融媒整合校报、广播电视、"两微一端"，打造兼具网络思政和专业实训功能的融媒体中心，探索校园传播媒介融合生产模式，提升校园媒体的影响力和思政育人实效。

五彩融媒项目运行以来，生产的网络文化产品参加省级以上竞赛活动获奖 30 余项，主要有湖南省委宣传部"好声音讲坛——新思想进基层"微宣讲总决赛一等奖，全省高校习近平新时代中国特色社会主义思想"天天见""天天新""天天深"微宣讲一等奖、二等奖各 1 项，湖南省公益广告大赛高校视频类一等奖，湖南省大学生广告艺术大赛微电影类二等奖，湖南省大学生公益广告大赛视频广告二等奖，湖南省高校"读懂中国"主题微视频三等奖等。五彩融媒项目为湖南省 2019 年高校思政精品项目、教育部 2021 年高校思政精品项目，发表有关网络文化建设和网络育人方面的学术论文 7 篇，入选湖南省高校十大育人优秀示范案例。网络文化建设的经验成果在 2022 年 1 月 10 日《湖南日报》要闻版以《打造网络育人品牌新名片》为题进行了专题报道。

《书记说党史》成为弘扬"红色"主旋律文化的品牌栏目

"传媒通讯社"大学生记者团活跃在校园的每一个角落

网络安全宣传活动培养学生"绿色"网络文明

网络思政和专业实训相结合，打造网络文化育人品牌

第二节　青春传媒

　　青春传媒是湖南大众传媒职业技术学院面向广大团员青年实施的校园文化品牌活动，由学院团委主办，以习近平总书记关于青年工作的重要思想为指导，以青年思想政治引领为核心，推进青年学习常态化、青春建功品牌化、基层改革实效化和"五型"团建标准化。青春传媒创办于 2003 年，每月一个主题，常态化举办；立足文化育人，为青年团员搭建了一个"思政+专业"的活动平台，包括"青·艺术""青·飞扬""青·学习""青·有爱""青·有约""青·讲坛"等"青"字头系列校园文化活动。

　　"青·艺术"："青·艺术"校园文化艺术节，每年举办一届，主旨是让艺术融入校园、让艺术融入生活。在为期一个月的艺术节里，以项目承办的方式，举办各类艺术大赛活动，涉及科技创新、文化与艺术创作等多个方面，以艺载德、以艺促智，充分发挥艺术教育的育人功能，使青年学生在兴趣与动机、自信与意志、态度与习惯等方面获得发展。

"青·飞扬"："青·飞扬"社团活动月是学生社团的品牌活动，每年举办一届，社团类型有文艺社、棋艺社、影视社、摄影社、剧团、武术社、动漫社、电竞社等。在社团活动月期间，40 多个社团打造一场社团嘉年华盛宴，活动精彩纷呈。不同年级、不同专业的学生交流思想、切磋技艺、互相启迪、增进友谊，在保证学生完成学习任务和不影响学校正常教学秩序的前提下开展各种活动，营造了一个开放、多元、健康的校园文化氛围。

"青·学习"：用习近平新时代中国特色社会主义思想武装全团，引导全体青年学生开展党的理论学习。利用新媒体开展"青·学习"主题活动，主推共青团公开课、青年大学习、学习天天见等活动板块，把学习的阵地搬到网络上；开展团校培训，努力把团校建设成为学院加强大学生思想政治教育的重要基地；以思政学习和团内活动相结合的形式，丰富学习途径，组织"五老"优秀事迹征文比赛，"厉行节约、反对浪费"海报比赛等主题活动，用不一般的思政大课，让团员青年接受"沉浸式"的精神洗礼。

"青·有爱"："青·有爱"志愿服务活动，用实际行动践行雷锋精神。以"3·5"学雷锋活动月为抓手，认真组织学雷锋榜样进校园主题班会、校园周边文明交通劝导、食堂文明就餐、公益讲座、义务献血活动，开展到敬老院、老人公寓、儿童福利院关爱老人和特殊儿童活动；发起"给折翼天使插上隐形的翅膀——脑瘫家庭帮扶项目"；开展"三下乡"志愿服务，开展义务支教、新农村建设（特色小镇）发展现状调研、乡村整体规划或园林设计、特色旅游个性定制精品线路设计开发、"立志帮扶"行动计划等。每年组织志愿服务活动70余次。

"青·有约"："学友沙龙"是"青·有约"的具体呈现方式，是为师生课外交流搭建的一个活动品牌。每学期举办4期沙龙，邀请青年教师、优秀校友、退休教师与青年学生交流探讨，内容从"高举团旗跟党走"的团建知识，到高校团干部非权力影响力的形成，从大学生的生涯教育，到实用的公文写作、沟通技巧，还有如何创造幸福生活等话题，紧扣时代脉搏，紧贴青年学生的心，给志同道合、兴趣盎然的青年学生提供思维碰撞的平台。

"青·讲坛"："青·讲坛"是为提升学院文化底蕴打造的大中型讲座活动，以专家讲座、报告会、演讲等方式举行，每学期举行2~3期，每期安排2~3人主讲。通过青年人讲青年故事、身边人说身边事，在青年中营造勤学敬业的良好氛围，让青年学生走上讲坛，展示自我、拓宽视野，并学有所思、学有所悟、学有所获。

青春传媒自开办以来，在省直、厅直"五型"团组织星级创建中获"五星级"团组织称号，获省直团工委"先进基层团组织"荣誉称号；多次获湖南省青年文化艺术节优秀组织奖，选送节目获金奖、银奖；大学生志愿者暑期"三下乡"社会实践活动中获"优秀服务团队""先进单位"荣誉称号；多个社团在湖南省高校最受欢迎社团评比中，获"百优学生社团"称号。

"青·学习"——"青春告白祖国"国旗下宣誓

"青·有爱"——青年团员参加"三下乡"志愿服务

"青·艺术"——一年一度的校园文化艺术节成为校园里最受欢迎的文化大餐

"青·飞扬"——学生社团活动月的演出

第三节　视觉盛宴

视觉盛宴是湖南大众传媒职业技术学院视觉艺术学院创办的一个校园文化品牌活动，该活动以传承传播社会主义先进文化为己任，充分挖掘中华优秀传统文化的时代内涵，将视觉艺术的美育元素与校园美育、德育、劳育、智育融合，强化德育引领，全力发挥优秀校园文化阵地作用。

视觉盛宴主要依托视觉艺术学院人物形象设计、艺术设计、动漫设计、影视广告设计、数字媒体艺术等专业，以弘扬中华优秀传统文化为根本，以增强文化自信为主旨，结合 T 台项目演绎、职业技能大赛、影像作品展播、非遗配饰作品展等载体，集合多个专业的优质资源和教学成果，先后组织实施了"画意坊"《大国雄风·华章》毕业设计走秀汇演、《盛世千年·华夏之卷》古画卷人物复原造型秀、《国潮汉风》动漫艺术展演、《初心百年，砥砺前行》湖南省大学生公益广告大赛、《微素描》画展等系列中华优秀传统文化学习实践活动，营造了独具特色的传统文化校园氛围，并逐步建立植根专业、辐射企业、服务社会的文化育人活动架构。

视觉盛宴创立于 2014 年，每年举办一届。该活动深度植入社会主义核心价值观，德艺并修，以技能实践为手段浸润中华优秀传统文化，引导学生学思结合。该活动以对接职业行业为目标，深化了学生的职业体验。

视觉盛宴打造"演+展+赛+习"活动模式，辐射面广、艺术感浓，各分项目以优秀传统文化传播为母机，衍生出系列特色作品。将教师综合教育引导与学生自主学习实践相结合、线上宣传展示推介与线下展示活动相结合、提升学生文化自信与强化学生专业核心素养相结合，增强了专业教学与校园文化建设的黏合度，增强了课程思政体系的有机融合。视觉盛宴的主要内容包括"演、展、赛、习"四个方面，每年举办以优秀传统文化为主题的毕业展演和参与"汉语桥"文化传播相关活动。学生通过临摹古代画卷及古典剧目中的人物，复原造型进行 T 台展演，并将优秀作品通过视频网站平台传播推广，如人物形象设计专业的《大国雄风·华章》《盛世千年·华夏之卷》《万象新生》等展演，其中《大国雄风·华章》走出校园，在保利 MALL 商场举办文化传承大型艺术展演，取得了良好的社会反响；艺术设计、人物形象设计等专业每年举办与非物质文化遗产相关的非遗缠花、绒花苗绣、苗银等课程联合作品展，剪纸、民族风烙铁、掐丝装饰等画展，动漫艺术设计专业的动漫展等；积极承办多届湖南省大学生公益广告大赛，组织大学生广告艺术设计大赛、草花杯数字文化创新创业大赛等赛事；结合课堂项目驱动和研讨等形式，展示、演绎中华优秀传统文化的魅力和风采；组织学生参与文化实习、就业见习，前往优秀传统文化、非遗文化集中地域实地采风，分享心得，评选优秀案例。

视觉盛宴依托各专业教研室创建的学生社团，如人物古妆复原社、指尖匠非遗饰品社、古代发型研习社、纹案彩绘社、FAD 模特社、古装人物造型社等多个社团平台，将中华优秀传统文化的内涵和要素有机融入社团活动，促进中华优秀传统文化教育入脑、入心、入行。积极开展新媒体宣传推广展示，依托超星学习平台、校园新媒体矩阵、专业工作室（实训室）等，推出优秀传统文化网络产品，将文化育人成果在校内外进行宣传、展示、传播。

视觉盛宴通过毕业设计汇演、大学生公益广告大赛、艺术实践工作坊、非遗作品展、区校合作文化写生行动等形式，开展了大量丰富多彩的优秀传统文化学习实践活动。承办的历届湖南省大学生公益广告大赛等赛事，弘扬优秀传统文化的特色做法，得到了省级以上主流媒体的宣传报道。近年来，指导学生参加全国大学生广告艺术大赛获奖 26 项、参加湖南省大学生广告艺术大赛获奖 96 项、参加湖南省公益广告大赛获奖 112 项，艺术实践工作坊的作品获湖南省第五届大学生艺术展演活动二等奖。视觉盛宴品牌活动得到了湖南教育电视台、《湖南日报》、红网、《三湘都市报》等主流媒体的宣传和报道。

古画真人复原把优秀传统文化融入专业实践

人物形象设计艺术展演走向剧院、商场，传播优秀文化

学院承办的湖南省大学生公益广告大赛

一年一度的学生作品展

第四节　青春影像

青春影像是湖南大众传媒职业技术学院新闻与传播学院主办的校园文化品牌活动。该活动依托新闻采编与制作、广播影视节目制作、广播电视技术、摄影摄像技术、影视编导和数字出版等专业，围绕"用影像讲好中国青年的故事"这一主旨，开展"雏鹰杯"大学生微视频大赛、摄影文化艺术节和全媒体技能大赛三大板块活动，将价值塑造、知识传授、能力培养融为一体，致力于推动"有声有色"的校园文化。

青春影像活动品牌最早由2003年开办的记者风采大赛发展而来，该品牌成型于2013年，每年举办一届。经过多年的精心组织和策划，针对政治认同、家国情怀、文化传承、媒介素养等重点内容，系统地展现了当代大学生在新时代中国特色社会主义思想教育、社会主义核心价值观教育、法治教育、劳动教育、心理健康教育和中华优秀传统文化教育等方面的学习成效和实践成果。

　　"雏鹰杯"大学生微视频大赛每年举办一届，迄今已成功举办了十九届。大赛以创新创意、开放共享、青春个性的理念，引导学生立足时代、扎根人民、深入生活，树立正确的艺术观和创作观，用镜头记录和讲述中国故事，传递新时代正能量，展现当代大学生奋发有为的精神风貌。同时，作为课程思政教学成果的展示平台，教师将技能训练与价值塑造相互融合，充分挖掘思政元素融入视频作品的选题策划、拍摄制作、宣传推广等各环节——春风化雨，润物无声。

　　摄影文化艺术节自 2016 年启动以来，通过举办"文化中国"毕业设计作品展、廉政文化摄影作品展和党史教育摄影作品展等主题活动，引导学生自觉传承中华优秀传统文化，主动彰显中国的自然之美、社会之美和时代之美，用光影记录美丽中国的人、景、物、事，激发学生的爱国情怀、社会责任和文化自信，刻画中国特色社会主义新时代的精美画卷。

　　全媒体技能大赛是在原记者风采大赛的基础上，结合文字、声音、影像、动画和网页等多种媒体表现手段，利用广播、电视、电影、报纸、杂志和网站等不同媒介形态，传递红色基因，激扬赤子情怀。2021年，全媒体技能大赛以"记·忆"为主题，通过"课""赛""践""会"四个环节，策划了上好一堂党课、举办一场党史知识学习竞赛、组织一系列党史宣传教育实践，以及主办一场建党 100 周年庆典晚会等活动，形成了思想有高度、内容有深度、辐射有广度、传播有温度、文化有厚度、说服有力度的党史学习矩阵。

　　青春影像活动品牌自创办以来，社会影响力与日俱增。"雏鹰杯"大学生微视频大赛吸引了全国 32 所高校的学生作品参赛，摄影文化艺术节每年收到近百件校外参赛作品，承办了湖南省职业院校首届公益视频大赛，湖南红网、《三湘都市报》、凤凰网、中国高校之窗、教育网等主流媒体给予了宣传报道。近年来，青春影像孵化出了 600 余件原创作品，内容涵盖建党百年、乡村振兴、文化传承、青春奋斗、锦绣江山等思政主题，体现了当代大学生奋发有为、锐意进取的精神风貌。学生作品获湖南省职业技能比赛微视频赛项一等奖6项，全国各级各类比赛一、二、三等奖80余项，其中《演员的诞生》获第五届"我心中的思政课"全国高校大学生微电影展示一等奖，《梦里奔塘》获全国大学生公益视频大赛"金芒果奖"，《如画星沙》获湖南省网络视听大赛一等奖。

青春影像品牌活动以当代大学生青春激昂、砥砺奋发的精神面貌为图景，结合新闻传播类各专业知识和技能的课内外教学实践，为学生开展校园文化活动提供了有利条件、营造了良好氛围。该品牌活动始终秉承着学思结合、知行合一的理念，深入挖掘各门专业课程和教学方式中蕴含的思想政治教育资源，通过多种校园文化活动形式，将"思政教育进课堂"拓展为"思政教育到课外"，用基因式融入代替填鸭式教学，达到文化育人"润物细无声"的效果。

专业技能实践与校园文化活动相结合

摄影文化艺术节，大学生们用镜头记录身边的中国

一年一度的 DV 大赛颁奖典礼成为校园里的"奥斯卡颁奖典礼"

由记者风采大赛发展而来的全媒体技能大赛展示融媒体时代的"记者"风采

第五节　演艺坊

演艺坊是湖南大众传媒职业技术学院影视艺术学院全体师生共同创作文艺作品的一个品牌活动。该品牌活动主要依托戏剧影视表演、音乐表演、舞蹈表演、现代流行音乐等专业，以舞台为中心，以剧（节）目的排演为载体，集合专业的优质资源和教学成果，面向社会进行集中展演，五个专业相互支撑、融合，以校园文化活动形式打造一个集节目制作和技能训练于一体的教学共同体，形成以戏剧、音乐、舞蹈为主要形式的、具有鲜明艺术特征的文化育人新范式。

演艺坊品牌活动自 2010 年启动，每年举办一届。充分挖掘文艺作品在培根铸魂上的价值和功能，选取一批文艺人物、文艺故事、文艺作品，用艺术化的手法挖掘其人格魅力、精神品质和价值内涵，整合"艺术+思政"的育人优势，组织排演剧（节）目 120 余台（个），面向社会演出 150 场次，其中原创剧目 8 台，原创节目 26 个，培育的原创作品获得省级以上（含省级）奖项 30 余项，其中大型原创话剧《人啊！人……》在全省高校连续公演 15 场，获湖南省高校校园廉政文化进校园二等奖；原创戏剧小品《十二朵雪莲花》获全国第五届大学生艺术展演二等奖、省级一等奖；群舞《唤醒心中的梦想》获湖南省第四届大学生艺术展演活动一等奖；儿童剧《邋遢大王奇遇记》在湖南大剧院公演 13 场……成功地打造出具有鲜明专业特征的文化育人品牌。湖南电视台、红网等主流媒体对其育人成效进行了广泛的宣传和报道。

演艺坊以社会主义核心价值观为引领，《侗乡大医》《南京！南京》《田汉眼中的中国》《生死场》《金陵十三钗》等 11 台（个）革命题材的剧（节）目，引导大学生筑牢理想信念之基，厚植家国情怀；《青花瓷》《蔡文姬》《狼孩》等传统文化题材的剧目，激发大学生传承中华优秀传统文化的热情，增强对民族文化的认同感和价值归属感；《青春无悔》《青春向左，残酷向右》《梦开始的地方》等青春励志题材的剧（节）目，鼓励大学生争做有远大志向、奋发有为的青年；原创的反腐题材话剧《人啊！人……》、军旅题材的戏剧小品《十二朵雪莲花》、现实题材的音乐剧《诚实的声音》等 30 多个剧（节）目，以文艺作品的创作力、思想力、审美力引领大学生成长、成才。

"把班会开到舞台上"是演艺坊的又一鲜明特征。每月师生共同确立一个主题，围绕主题，由专业教师指导学生挑选、排演剧（节）目，并且舞台展演，展演结束后围绕同一主题、在同一场地组织召开班会，实现技能训练与思想政治工作同频。

演艺坊依托校企合作平台，积极拓展活动的社会影响，打造品牌。与田汉文化园等 6 家爱国主义教育基地签订共建协议，与湖南省演艺集团等 30 余家企事业单位签订校企合作协议，组织师生赴基地开展爱国主义教育，与田汉文化园联合排演《田汉眼中的中国》，与长沙县文化旅游体育局开展校地合作，选送剧（节）目30多台（个）参与社区文化建设，组织开展送戏下乡、送文化下乡等活动，形成以剧（节）目排演为载体的人才共育、过程共管、成果共享、责任共担的校企合作长效运行机制。

在剧（节）目排演的过程中，将社会主义核心价值观融入剧（节）目的创作、排练、演出全过程，将思政元素融入剧（节）目选择（创作）、角色分析、角色挑选、舞台设计、灯光设计、舞台调度、音乐设计等各个环节；大学生通过研读剧本、体验角色、组织排练、分享心得，领略剧本或角色中蕴含的思想内涵、道德规范、人文价值。师生以剧（节）目排演为载体，将育（思想政治教育）训（技能训练）结合，实现以文化人、以戏育人。文艺作品的思想价值、政治价值、审美价值、教育价值在潜移默化中引领大学生守正创新、培根铸魂，达到"润物无声"、育人无形的育人效果。

演艺坊结合高职表演艺术类专业的特征，积极探索构建"以剧（节）目排演过程为载体的文化育人新范式"，通过深挖优秀文艺作品的思想政治教育功能，丰富了文化育人的内容和方法。

原创话剧《侗乡大医》取材于湖南的道德模范人物，讴歌时代精神

参演湖南省庆祝中国共产党成立 100 周年"百年正青春"文艺晚会

将百老汇经典歌舞剧《猫》搬上湖南大剧院的舞台

群舞《唤醒心中的梦想》获湖南省第四届大学生艺术展演活动一等奖

第六节 众创梦工厂

众创梦工厂是湖南大众传媒职业技术学院在"大众创业、万众创新"的背景下，针对文化传媒"重创意、轻资产"的行业特点和优势，积极探索具有传媒职教办学特色和专业特点的创新创业教育途径的校园文化活动品牌。该品牌创立于2015年，以校园创新创业大赛为原点，以创新创业孵化基地建设为载体，依托互联网的开放共享优势，整合创新创业服务资源，开展诸如大学生创新创业大赛、创新创业讲座、创客活动、专业技能竞赛、创新创业学生社团活动等一系列校园文化活动，将创新创业主题校园文化活动与大学生创业教育融合，突出创意与创新创造理念，组织、指导学生策划产品开发、服务开发，形成创新创业团队，培养大学生的创新精神和创业意识，形成了以提升大学生的创新意识和创业能力为中心，着眼培养创新创业人才、培植创新创业项目两个目标，实施创新创业"观念培养和思维训练—能力培养—项目孵化"三阶段递进，建设经费、队伍、场地、政策四大支撑，形成"1234"创新创业工作体系，构筑出一个从寻梦、筑梦到圆梦的大学生众创梦工厂。

众创梦工厂活动在每年九月新生入学后开启，到毕业前夕的就业季，贯穿学生的在校三年。将专业教育和职业规划纳入校园文化活动的重要内容，通过专业报告会、职业规划讲坛等活动，在每年新生入学季以专业为单位，开展专业教育和职业规划指导，从专业定位、培养规格、主干课程、实训条件、师资队伍、教学成果、就业前景及管理模式等各方面，通过讲座、交流、参观等多种形式，对新生进行系统、全面的专业教育和职业规划设计，引导学生坚定专业信念、合理设计职业规划。

根据文化传媒产业从业者对"创新性"特质的要求，从培养"创意与操作一体化"的高素质技术技能人才出发，着重提高学生就业创业能力。改进校园文化活动定位，由娱乐走向创意，突出学生创意能力和专业操作能力；实施"通识教育计划"，培养学生创意所需要的人文素质；依托校内实训基地和校外就业创业基地，培育一批原创项目，聘请企业家、优秀校友、创业成功人士和专业人员担任兼职创业导师，为学生创新创业提供专业指导。

培育学生创新创业团队，积极组队参加全国"互联网+"大学生创新创业大赛、黄炎培职业教育奖创业规划大赛、"挑战杯"创新创业创效大赛等各类比赛活动，将学生参赛情况计入学生《创业基础》课程的实践学分，最大限度地调动学生参赛的积极性，以实现创新创业的主体大众化。学生参赛人数和参赛项目逐年递增，2019年参加全国"互联网+"大学生创新创业大赛项目 598 个、参赛人次达到 1973 人次。

积极与省市县人社部门合作,开展"创客星城校园行""创业培训进校园"等创业培训活动。各二级学院结合自身特点开展各具特色的就业创业指导活动;创新创业孵化基地打造众创梦工厂的"车间",建立了省级大学生创新创业孵化示范基地,引入 20 多个创业项目入驻孵化,建设了 5 个院级孵化基地,形成了校院两级联动、"启—学—孵—创"四位一体的运作模式。

各二级学院结合专业特点,大力推行"工作室+项目"的师生协同创新训练模式,对外承接项目,由教师带领学生共同生产完成,开展以真实项目为载体的师生协同创新。

近年来,学生参加全国"互联网+"大学生创新创业大赛、湖南黄炎培职业教育奖创业规划大赛、"挑战杯"创新创业创效大赛三大赛事,屡获佳绩。2019 年获湖南省第五届"互联网+"大学生创新创业大赛一等奖、黄炎培职业教育奖创业规划大赛三等奖 3 项;2020 年获"挑战杯"创新创业创效大赛金奖 1 项、银奖 1 项、铜奖 3 项,学校获优秀组织奖。在 2020 届毕业生中,有 43 人以自主创业形式实现就业,自主创业比率达到 1.24%。学校的就业质量稳步提升,学校 2016 年、2018 年、2020 年三届被评为"湖南省普通高等学校就业创业工作一把手工程优秀单位",2019 年荣获"湖南省高校大学生创新创业孵化示范基地",近三年毕业生的初次就业率均位于全省高职院校前列。

在学院举行的湖南省黄炎培职业教育奖创业规划大赛

学生创新创业团队在各类创业大赛中屡获佳绩

将优秀的毕业生请回母校给大学生分享创业经验

将政府人员、企业家请到校园，开展创新创业培训活动

第七节 "守正"讲堂

"守正"讲堂是湖南大众传媒职业技术学院为提升大学生思政工作质量而设立的一个传播思想、促进学业和服务社会的校园文化项目。"守正"二字得名于学院"崇德尚能 守正创新"的校风,宣示学院始终坚持正确的办学方向和价值判断,弘扬正风、正气,并作为传媒类高职院校,培养学生坚持正确舆论导向的底线意识,以强大的传播力、引导力、影响力传播正能量。

"守正"讲堂创办于 2021 年 6 月中国共产党成立 100 周年之际,由学院学生工作部(处)主办,学生会承办,面向校院两级学生会、校园网络通信站、国旗护卫队、易班学生发展中心和学生党员、党员发展对象、入党积极分子,每届遴选优秀大学生 10 名左右,组建"传媒青年讲师团",聘请党委宣传部、学生工作部门负责人,基层党组织负责人和思政理论课教师担任顾问和指导老师,围绕习近平总书记关于青年工作重要论述的核心要义和实践要求,结合时政热点和青年学生的兴趣点,根据主题开展专题宣讲。

"守正"讲堂在思政教师团队的指导下,由学生主讲,从学生视角出发,通过大学生讲述身边人、身边事,以小切口反映大主题、小故事阐释大道理,对硬内容进行软表达,激励广大青年学生在党的领导下发奋图强、担当作为。"守正"讲堂定期主办读书班,组织传媒青年讲师团成员开展理论学习、现场研学等活动,提高讲师团成员的政治思想水平,将讲师团成员的所学、所悟在大学生中进行宣讲,将思政课程搬到学生的身边,让爱国主义教育融入学生的日常生活。"守正"讲堂自开设以来,已举办各类宣讲 20 余场,主要有为 2021 级全体新生讲"传播正能量·百年正青春""我的第一堂思政课"，2021级新生开学典礼上领诵《青春向党，强国有我》宣言，学院第二十五期团校领学党的百年奋斗重大成就，"校—院—班"三级联动领学党的十九届六中全会精神，在每周一升国旗仪式中开展的"一周一讲"活动等。

同时，"守正"讲堂走出校门，开展宣讲。走进了第十九届"雏鹰杯"大学生微视频制作大赛颁奖典礼、湖南广播电视台娱乐频道"寻找好家风"大型公益活动的现场。传媒青年讲师团成员先后受邀前往郴州市宜章县、岳阳市岳阳县、岳阳市云溪区等地宣讲习近平总书记在庆祝中国共产党成立100周年大会上的重要讲话精神……"守正"讲堂传媒青年讲师团成员赵佳成荣获"学党史、强信念、跟党走"湖南省青少年党史学习达人大赛"宣讲达人"荣誉称号，获得湖南省首届"最美大学生"光荣称号。

"守正"讲堂已纳入学院获批立项的湖南省高校优秀思想政治工作者青年骨干项目，将探索思政教育的实践育人新途径，成为学生工作部（处）打造"正"字系列的思政教育品牌的重要载体。

"守正"讲堂启动仪式

"守正"讲堂搬到了新生开学典礼的现场

传媒讲师团的大学生成员走进社区宣讲好家风

84

每周一次的升国旗仪式是"守正"讲堂的固定"宣讲台"

第八节 声音工厂

声音工厂是湖南大众传媒职业技术学院发挥"国家语言文字示范校"的优势,以播音与主持专业为龙头,面向全校学生举办的校园文化品牌活动。该活动自 2010 年开始,已经连续举办了 12 届。主要内容包括主持人大赛、经典诗词诵读会、普通话推广、影视作品配音展演等。声音工厂以锻炼播音与主持等专业学生的口语表达能力、综合人文素养、现场应变能力以及舞台展示能力为目的,突出思想性、专业性、创造性,培育学生职业素养,增强学生自主学习的意识和敢于实践的精神。

声音工厂依托校内广播直播室、配音工作室、小型演播厅等"两室一厅"实训平台,按照传媒行业主持播音典型工作岗位设置及能力需求，优化组合各种艺术教育要素，在校园文化活动中培养学生职业岗位能力，在生产声音艺术与技术产品的同时，建立以项目加工、技术服务等为主要内容的工学结合运行机制。其中，一年一度的主持人大赛学生参与度高、自主性大、师生互动强，有效激活了校园文化的创新氛围。大赛强调把专业知识融会贯通，完善学生的知识结构。学生从设计参赛方案、练习排演、整合节目到走上舞台，每个环节都在锻炼团队合作意识、人际沟通能力，成为校园最热门的文化活动。

把视角投向"专业+思政"是声音工厂的又一鲜明特征，在内容选取上重点聚焦中华优秀传统文化、革命文化和社会主义先进文化，促进专业教学和思想教育。比如，在清明、端午、中秋等传统节日，开展中华经典诗词诵读展演，在大学生学"四史"时，举行红色革命电影经典片段配音展映等。同时，声音工厂将"工匠精神"培育融入展演活动，植入节目排演全过程，构建企业文化、校园文化、行业文化"三位一体"的"工匠精神"培育机制。在活动中打造仿真排演环境，锤炼关于声音的"工匠精神"。师生在节目排演活动中，完全按照行业标准来执行，构建出与行业节目排练完全一样的仿真环境。学生在教师的指导下，将精益求精的"工匠精神"融入演练过程，培养学生对声音艺术和细节的极致追求。

声音工厂立足职业教育产教融合的本质特征，以节目排演为纽带，以校园文化活动为载体，打磨、制造出一系列"声音产品"，打造文化育人共同体。联合省内外广播电视媒体及企事业单位，为教育部中外语言交流合作中心（原国家汉办）汉语推广音像教材《唱歌学汉语》等各类专题片配音、录制声音光碟；为省内各类大型活动提供创意、策划、包装、制作、主持服务；为第十六届广州亚运会、国家体育总局国际龙舟赛、全国少数民族运动会及省博物馆等各类展览提供讲解服务，年服务对象 15 万人次以上。积极组织大学生社会实践志愿服务,赴湘西、浏阳、平江等革命老区进行普通话推广,送节目下乡,助力乡村振兴。近年来,重点聚焦红色文化和中华优秀传统文化,依托播音与主持专业优势努力探索,将社会主义核心价值观贯穿声音工厂展演活动的全过程,走出校园,打造出一大批具有较强社会影响力的"声音精品"。声音工厂的节目登上了各大型活动的舞台,如"2017 书香中国·全民阅读"系列活动湖南卫视全民阅读活动节目录制、第 24 个世界读书日长沙市"传承先烈精神·培育时代新人"主题读书活动、第 24 届全国推广普通话宣传周湖南省开幕式、湖南卫视"中华经典诗文诵读活动"的录制、"红色经典传乡土——走进平江"诵读活动、张家界国际旅游诗歌节、庆祝建党百年大型交响史诗组歌《心中的颂歌》等。2020 年初,新冠肺炎疫情蔓延,声音工厂师生录制了诗朗诵线上音频,在抖音、微视等平台发布,为抗疫加油、为武汉加油,传播抗击疫情正能量。

声音工厂以声音产品制造为纽带,促进专业教学和思想教育,有效扩展了播音与主持专业教育的外延,提升了学校思想政治教育的成效,推动了学校素质教育,从单一的主持播报能力培养演化成为一个在舞台上全方位、多元化展示职业综合素质的文化活动,成为湖南大众传媒职业技术学院校园文化建设的一个品牌项目。

声音工厂的"产品"——大型交响史诗《心中的颂歌》登上了长沙音乐厅的舞台

用好声音作品致敬抗疫精神

深入社区、乡镇推广普通话是声音工厂的固定节目

第24个世界读书日暨长沙市"传承先烈精神·培育时代新人"主题读书活动

第九节 书香校园

书香校园是湖南大众传媒职业技术学院针对职业院校学生"重技能、轻人文"的现状，根据传媒专业对从业者在知识面、人文素养、创意思维等方面的特殊要求，在建校之初就着力打造的一个校园文化活动品牌。它通过开展各种形式的师生读书活动，增加学生的课外阅读量，提高学生的人文素养，锻炼学生的传播、沟通与创意能力，增强学生文化底蕴，提高学生综合素质。其主要内容包括"必读书计划""读书活动月""经典导读讲座""学生读书社团建设""'爱读'工作室建设"等。

2010年起，学院全面实施"必读书计划"，有计划、有指导性地开展全校性读书活动，营造爱读书、读好书的校园文化环境。在各专业人才培养方案中，增设"大学生必读书活动"通识教育课程学分，设4学分，纳入通识教育课程选修学分。学生在入学三学年内完成"必读书学习计划"，考核通过后，获得规定学分。学院每年根据不同专业特点开列必读书目，学生在三学年内，在书目中每阅读4部、每部撰写1000字以上的读书报告，可以获得1学分，最高可以获得4学分。"必读书计划"作为一项常规教学任务，由学生所在二级学院负责组织，指定教师具体指导并进行考核。

"读书活动月"创办于2009年，每年4月23日"世界读书日"前后启动，4—5月举办。是一个以"书与读书"为主题的校园文化活动，由团委主办，图书馆、各二级学院组织实施。"读书活动月"的主要活动包括启动仪式、校园"晒书会"、读者沙龙、书友交流会、"读万卷书、行万里路"征文、优秀读者评选、阅读文化展示、颁奖典礼及闭幕式等。校园"晒书会"由学生将自己阅读过的藏书在校园公共场所集中展示交流，互相借阅，分享读书心得；书友交流会由各二级学院推选2~3名学生代表，进行读书心得演讲；优秀读者评选由图书馆从借阅大数据中对同类型读者中排名前五的学生进行表彰；读书文化展示征集以读书为主题的摄影、书法、美术作品，读书笔记佳句摘录，读书名言警句等海报设计，征集的作品在图书馆、教学楼等区域集中展示。

读书社是一个由团委负责管理，学院图书馆具体指导的学生社团，旨在建立一个学生课外阅读与交流分享的平台。通过读书活动，激发大学生的阅读热情，大幅度提高学生的阅读量，提高学生的阅读兴趣，逐步养成阅读习惯。社团建立自己的官方微信公众号、QQ群，每周二、周四推送不同类型的短文分享，每半月推荐一次书单。社团定期举办或组织一系列线上线下活动，增加成员活跃度，提供成员互相了解与交流的平台。近年来社团成功举办了"传媒人文杯"名家解读经典、"奋进百年 砥砺前行"红色文化阅读积分比赛、"深入学习'四史'牢记初心使命"阅读学习活动、"细读文学经典、赓续文化基因"经典导读讲座等活动。

"爱读工作室"成立于2015年，由新闻与传播学院数字出版专业教师团队管理与运营，是一个开展阅读指导的教师工作室。工作室突出将精神文化与主流价值深度融合，用"正能量"阅读塑造学生价值、铸就学生先进文化底色。在大学生中招募同学为阅读核心圈层，指导他们读书，每周举行1~2次集中分享活动，再由核心圈层带动邻近圈层阅读，增强文化育人魅力。工作室优化文化育人内容供给，建设以"正能量阅读"为主体，以"线上阅读美文分享""校内外阅读推广活动"为主题，借助公众号推文的转发，放大潜在圈层育人的无限性。

工作室已开展线下集体阅读指导 10000 小时以上，指导学生达 1100 余人，审读书评文章 2000 余篇，微信公众号推文 400 余篇，平台粉丝 1600 余人。

"书香校园"文化活动覆盖面广、持续时间较长，围绕读书主题，通过平台、团队、活动建设，成功地营造出一个书香高雅、健康向上的校园文化氛围，"好读书，读好书"的阅读习惯在校园里蔚然成风，成为传媒类高技能人才的通识教育与人文素养培育的有益补充。红网、华声在线、新湖南等主流媒体对湖南大众传媒职业技术学院"书香校园"的文化育人事迹进行了广泛报道，其中"爱读工作室"项目于 2020 年 9 月被遴选为中国职业技术教育学会中华传统美德育人典型案例。

"不负韶华、青春向党"经典诵读比赛

"爱读"工作室定期举办读书分享交流会

"洋学生"读中国书——端午节的国际学生中国经典品读会

一年一度的"读书活动月"在校园掀起读书热潮

第四章

建筑与环境

第一节 概述

现代大学是培养人才、传承文明、创新文化的重要阵地，是师生工作、学习和生活的人群密集区域。大学校园历来重视审美与品位，优美的育人环境和良好的文化氛围，成为学校健康发展不可缺少的重要条件。校园的整体布局、场馆建筑、自然景观、人文景观等，构成了学校的环境文化，这是校园文化最为直接的体现。作为大学文化精神的物化形态，和谐优雅的校园环境润物无声地熏陶着师生的身心，净化着师生的灵魂。

湖南大众传媒职业技术学院位于"世界媒体艺术之都"长沙，校区坐落在长沙市星沙经济开发区，毗邻有"中国 V 谷"之称的马栏山视频文创园片区和松雅湖国家湿地公园，具有突出的传媒文化区位优势。校区合理依托地形地貌而建，各类建筑顺应地势，湖光山色中点缀具有行业特征的人文景观、雕塑、标识等，校园被打造成一个"制片厂""摄影场""展演台""演艺坊""声音工厂"，校园环境处处彰显传媒文化特征，环境文化的美育价值、道德认同性价值得以充分发挥，

95

凸显了环境文化的育人功能。

湖南大众传媒职业技术学院的校园建设始于 21 世纪初，是在当时的一片荒地上建设而来。在校园环境规划中，设计者和建设者充分尊重原始自然地貌，利用原生山体湖泊，因势利导，并在此基础上着重营造文化内涵，营造具有传媒特征的环境文化。校区建筑群以"S"形布局，是英文单词 studio 的缩写，意为制片场、摄影棚、演播室、录音室、艺术工作室、舞蹈练功房等，是学校传媒办学特色的视觉化传达。校园建筑强调各楼宇之间的联系，风格统一而又相对独立。整个校园建筑以频率适中的浅黄色为基调，给人以充满希望和活力的色彩印象，产生明快、开阔和温暖的心理感受。教学区、办公区、生活区、运动区等功能区域相对独立，教学场所根据专业教学需要设置，将楼群引入"学群"理念，强调各二级学院的差异性，合理布局、相对独立，满足不同院系的专业教学需要，又兼及相互之间的关联性，通过景观道路互相连通，便于不同专业师生之间的交流。

校园规划倡导园林式绿化，主动将学校纳入城市绿化系统之中。校园东起点为山麓临水的建筑——图书馆，与徐特立公园浑然一体，采用传统青瓦白墙的中式风格，与公园环境协调一致，同时体现出浓厚的书卷气息；以图书馆起点至校园西端的艺术楼，东西走向的校园干道——创意路构成校园中轴景观线，沿线通过绿植、广场、湖泊、雕塑等打造连续的绿色生态环境；以中轴线为界，南北形成"动、静"两个区域：创意路以南为教学区域，分布着第一教学楼、第二教学楼、实训楼、视觉艺术楼、艺术楼和创意广场，各楼宇旁侧以小型园林点缀；创意路以北为生活与运动区域，演播楼、运动场、体育馆、剧场、后勤楼、学生公寓等场馆围绕自然湖泊而建，形成良好的视觉效果。演播楼和传媒广场是校园的中心区域，演播楼作为学校的地标性建筑，是"前台后院"

办学模式最直观的呈现，此楼集湖南卫视节目生产基地、国际汉语言文化传播基地、学生校内实习实训基地为一体。外墙两个主题浮雕融为一体，"汉字墙"浮雕以象形汉字的演变为主题，寓意学院传承中华民族优秀传统文化的初心和使命；"创意点亮人生"的校训成为演播楼的"楼眼"，墙面上"传媒简史"大型主题浮雕以简牍、邸报、电影放映机、电视机、话筒、摄像机等传媒符号元素组成，浓缩了传媒的发展史，是学院办学特色的视觉化呈现。

各建筑之间保留充分的绿地，点、线、面结合建立绿地系统，草坪、绿廊、湖畔亲水平台、环湖景观带等校园绿地为师生提供了充足、舒适的交流、休息和活动空间，同时也被作为教学辅助用地，为展览、演出、沙龙等校园文化活动提供户外场地。一树一草皆成景，一砖一瓦皆育人，营造出生机勃勃的文化氛围，整个校园成为一个大型的绿色园林。

湖南大众传媒职业技术学院的校园以湖泊为中心，环湖而建，依山傍水，通过景观绿道将建筑物相连，植入传媒专业特色元素，自然景观与人文景观有机融合，创造出了一个清新典雅、和谐舒适、宁静优美的校园，成为当地城市建设中一道亮丽的文化景观，学校也因此获得湖南省"园林式单位"称号。

第二节　校园全景

湖南大众传媒职业技术学院的校园充分尊重原始自然地貌，利用原生山体湖泊，因势利导，各类建筑顺应地势，并在此基础上着重营造文化氛围，校园环境处处彰显传媒文化特征。

校园全景图

第三节 湖泊

位于校园中心的天然湖泊，水清如镜，源头为徐特立公园山体地下水，四季水位无变化。环湖四周以绿植围绕，建有亲水平台，徐特立公园和学院图书馆倒映如画，是师生交流、晨读、休憩的舒适场所。

校园湖泊

校园湖泊

第四节　道路与广场

创意路

创意路是校园东西主干道，是校园的中轴线。

创意是指对事物的理解以及认知所衍生出的一种新的抽象思维和行为潜能。传媒文化产业之核心在于"创意"，彰显个性、追求创新是传媒人应有的秉性。作为一所传媒类高等职业院校，湖南大众传媒职业技术学院秉承"创意点亮人生"的校训，始终把教育指向学生的成长成才，把人的发展作为人才培养的终极目标，以"创意"照亮学生的成才之路，使学生的人生更加充满意义。

创意路

崇德路

崇德路是校园南北干道。

"崇德"语出《礼记·王制》的"上贤以崇德",指推崇高尚的德行。"崇德"是中国历代知识分子的精神追求所在。湖南大众传媒职业技术学院弘扬"崇德尚能　守正创新"的校风，将"崇德"置于首位，遵从"德育为先"教育理念，牢记立德树人根本任务，追求具有民族精神和时代精神的道德理想，以践行社会主义核心价值观为己任，为党育人、为国育才。

崇德路

校园主广场——创意广场

　　创意广场位于校园创意路南侧，紧靠教学楼，是一个"绿色+互动"的主题式广场。广场空间采用自由曲线形，给师生创造了一个惬意的交流空间，使其随之迸发创意的火花，为校园注入活力与生机。"创意"二字，彰显了校训"创意点亮人生"的核心内容。

创意广场

校园中心广场——传媒广场

传媒广场位于校园中心区域，南邻综合楼，北接演播楼，是一个集文化、交流为一体的主题式广场。"传媒"主题显现学院以"媒介内容生产"为核心，以"传媒艺术""传媒技术"为支撑，兼顾"传媒管理""文化教育"的专业发展格局。

传媒广场

第五节 主要建筑与场馆

校 门

图书馆

湖南大众传媒职业技术学院图书馆为一座依山临水的建筑，与徐特立公园浑然一体，采用传统青瓦白墙的中式风格，与公园环境协调一致，厚重典雅，体现出浓厚的书卷气息。

图书馆全貌

图书馆

阅读大厅

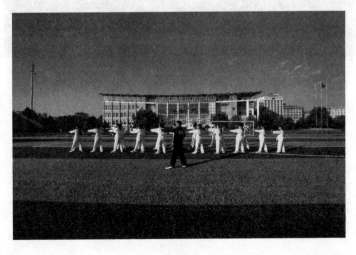

体育馆

田径场

第一教学楼

学生公寓

演播楼

艺术楼

艺术楼大厅

视觉艺术楼大厅

校史陈列室

第六节 文化景观

学院精神主雕塑

湖畔的打卡框

湖畔亲水平台

演播楼的汉字文化墙

第五章

建校二十周年发展史

新千年伊始，万象更新。

2000年7月，湖南省人民政府下发湘政办函〔2000〕103号文件，批准成立"湖南大众传媒职业技术学院"（以下称学校）。作为全国率先成立的传媒类高等职业院校，学校已经走过了二十年的发展历程。

学校主校区位于长沙市星沙国家级经济技术开发区，与湖南广电中心毗邻，校园山清水秀，绿树成荫，花草遍地，风光秀丽，是一个环保型智能化校园。

学校实行由湖南省教育厅、湖南省新闻出版广电局、湖南广播电视台共建，湖南省教育厅主管的管理体制。学校坚持"立足湖南、面向全国，服务文化产业、突出传媒特色"的办学定位，秉承"创意点亮人生"的校训，实施"引台兴校、原创强校、服务荣校"的发展战略，致力于为湖南文化强省建设和传媒产业发展培养综合素质高、传播沟通能力强的创意型技术技能人才。学校现开设35个专业，基本形成以"媒介内容生产"为核心，以"传媒艺术""传媒技术"为支撑，兼及"传媒管理""文化教育"的专业发展格局，重点建设新闻出版与广播影视、动漫与艺术设计、新媒体技术三大特色专业群，全日制在校学生1万余名。

学校下设新闻与传播学院、影视艺术学院、视觉艺术学院、新媒体技术学院、管理学院、国际传播学院 6 个二级学院，思想政治课、体育卫生课 2 个教学部，实行校院（部）两级管理。学校是全国广播电视编辑、记者、播音员和主持人资格考试考点，国家汉语水平考试（HSK）考点，雅思考试（IELTS）考点。

建校二十年来，在学校党委的正确领导和社会各界的关心支持下，全校师生团结一心，艰苦奋斗，锐意进取，各项事业得到全面发展，取得了令人鼓舞的成绩。学校是湖南省首批示范性高职院校、国家首批骨干高职院校、湖南省首批卓越高职院校立项建设单位，先后获得"湖南省文明单位""湖南省园林式单位""湖南省职业教育先进单位""湖南省平安校园"称号。学校是国家汉办/孔子学院总部设立在湖南的"国际汉语言文化传播基地"、马尔代夫维拉学院汉语中心（孔子学院）承办院校、湖南省第一所具有招收来华留学生资格的高职院校、湖南广播电视台节目生产基地和"韶山之声"电台节目生产基地，被誉为"广电湘军的摇篮"，是一所在国内外享有较高声誉的高职院校。

二十年发展，弹指一挥间。过去的一切虽然已经成为历史，但值得记录、回味与思考。站在历史发展的新起点，本着求真存实的原则，客观记录学校的发展史绩，鉴往知今，总结经验，这对促进学校事业更好发展，迈向更加美好的未来是十分必要和有益的。

第一节　根脉追寻

树有根，水有源。纵观学校发展历史，必须回眸学校建立之根，追溯学脉发展之源。

学校是以原湖南银行学校和湖南教育电视台为基础创建起来的一所

公立全日制高职学院。学校成立时，校园面积仅有 76 亩（位于长沙市雨花亭新建西路 13 号，为原湖南银行学校校区）。由于地域狭小，学校事业的发展受到了极大的限制。为了谋求更好的发展，2002 年，湖南省教育厅决定将湖南教育电视台拟在星沙新址建台的已征购土地与学校雨花亭校区（原湖南银行学校）进行等量置换，即湖南教育电视台从湖南第一师范学校搬迁至学校雨花亭校区内，学校则到星沙另建新校区。为了建设好星沙新校区，在湖南省教育厅的大力支持下，学校与中共长沙县委、县人民政府多次进行协商，长沙县委、县人民政府十分期盼并热烈欢迎学校入驻县城星沙镇。为了学校事业的发展，长沙县人民政府决定在湖南教育电视台已征购土地所在的星沙镇天华北路和板仓北路的相关区域，划出土地用作学校新校区的建设，同时，县校双方同意将该地块上的原长沙县教师进修学校和原长沙县实验小学整体并入学校，成为学校的附属单位。2004 年 11 月，湖南省人民政府下文批准原湖南省广播电视学校整体并入学校，2005 年 9 月，湖南省广播电视学校完成资产和人员并入学校的全部工作，至此，学校成为一所由多个独立编制教育事业单位融合而成的公立高职学院。学校择址在星沙镇办学的决定，使学校事业发展获得了良好的空间和优美的环境。作为入驻长沙县城区域内的第一所高等学校，学校为县域经济发展增加了人气，提升了县城的文化品位。

一、学校基础——湖南教育电视台和湖南银行学校

成立于 1999 年的湖南教育电视台是由湖南省教育厅主管主办，接受中共湖南省委宣传部宣传管理和湖南省新闻出版广电局行业管理的公益性事业单位。台址最初在长沙市书院路湖南第一师范学校校区内，于 2002 年迁址到长沙市新建西路原湖南银行学校校区内。2001 年 12 月，

湖南省教育厅聘请原湖南省教委副主任、党组副书记、高校工委副书记、时任国家督学、湖南省人民政府主任督学陈白玉为湖南教育电视台名誉台长。湖南教育电视台坚持"立足大教育，突出青少年，服务全社会"的办台宗旨，通过《教视新闻》《湖湘讲堂》《国防教育频道》《湖南招考》等多档自办栏目，在全国教育电视行业中取得突出成就。

湖南银行学校是全国重点中专学校。从1949年8月中国人民银行湖南省分行干部训练班成立到湖南银行学校被撤销，湖南银行学校伴随着国家发展的风云变幻走过了整整半个世纪的光辉历程。

1949年8月5日，古城长沙和平解放。

8月19日，长沙市局后街一幢旧银行职工宿舍的大门上挂出了一块标牌：中国人民银行湖南省分行干部训练班（以下称银干班）。这个训练班就是多年后的全国重点中专——湖南银行学校的前身。

银干班既陋又简，局关祠的旧银行职工宿舍只能为学员提供一块睡觉的地方，银干班为每个学员发一个小板凳，学员每天要夹着小板凳，步行一里多路，到借用的三自堂（教堂）上课，每期学习时间为3~6个月，仅开设《社会发展史》《中国革命史》《银行会计与业务》三门课程。教职工实行包干和供给制，一律不发工资。在简陋的条件下，从1949年8月至1951年7月的两年时间里，银干班培训了5期12队，共1166名学员，为新中国建设输送了急需的金融干部。

1951年，随着社会主义改造和经济建设的发展，金融教育迎来了发展的机遇。7月，以银干班为基础，接收长沙私立涵德女子会计学校和昭信会计学校，湖南银行学校宣告成立。湖南银行学校以培养中等金融人才为主，兼训在职干部。学校本部设在局关祠，下设两个分部：韭菜园分部（原涵德女子会计学校旧址）和北正街左文襄祠分部（原昭信会计学校旧址）。

　　新成立的湖南银行学校面临着重重困难：校舍紧张、教材缺乏、师资匮乏、任务繁重。湖南银行学校开办了中专班、文化班和短训班，实行班级教学管理。至 1957 年，湖南银行学校共培养中专毕业生 700 多人（其中向黑龙江和辽宁输送 200 多人），短训在职干部 5700 余人。1954 年，湖南银行学校停止向社会招生，转为专门调训银行在职干部。1956 年，湖南银行学校改组为"湖南银行干部学校"和"长沙银行中等专业学校"，湖南银行干部学校承担调训在职金融干部的任务；长沙银行中等专业学校则负责培养金融专业人才，开始恢复向社会招生，当年招收中专学生 240 余名。

　　1957 年，全国大规模精简机构，下放干部。根据中国人民银行总行的安排，长沙银行中等专业学校被并入合肥银行学校。8 月底，1956 级 240 余名中专学生在长沙就读一年之后，与部分教师一起成建制转入合肥银行学校继续就读。湖南银行干部学校则根据上级指示，缩小规模，精简人员，部分教职工下放到中小学工作。1958 年秋，湖南银行干部学校与湖南粮食学校等 5 所学校共同组建成立湖南省财政贸易干部学校。

　　1963 年 10 月，为适应新的形势要求，湖南省编制委员会批准恢复"湖南银行干部学校"。经过 4 个月的筹备，湖南银行干部学校于 1964 年 2 月面向社会招收了学制一年的会计班学员 50 人，9 月再招生 50 人。在此期间，湖南银行干部学校还招收了为期 6 个月的 3 个调干班，共 145 人，开办了一期共 100 人的财贸战线政治工作训练班。1966 年 5 月至 8 月，湖南银行干部学校继续培训干部，开办了政治干部班和会计训练班各一期，接受培训的干部约 200 人。1969 年底，学校教职工全部进入湖南省第九期毛泽东思想学习班学习，随后分三批下放到全省各地，湖南银行干部学校被停办。

　　1978 年，中国人民银行总行发出第 49 号文件，要求全国各地迅速恢复和组建银行学校，培养急需的金融人才。8 月，湖南省革命委员会正式批准恢复湖南银行学校，人民银行湖南省分行于 9 月批准成立湖南银行学校筹备办公室，具体负责学校的恢复工作。首先，全力开展选调教师工作。经过多方努力，学校从省内 11 个地区选调了 23 名教师，在雨花亭的校址一时无法使用的情况下，决定招收会计、信贷、农村金融三个专业共 204 名学生，借用设在湖南省安江的湖南省人民银行干部学校的校舍，于 1979 年 10 月开学；其次，抓紧落实学校新校址。1980 年 l 月底，经人民银行湖南省分行同意，湖南银行学校迁回长沙市雨花亭办学，从此，湖南银行学校进入大发展的时期。

　　刚刚从湖南省安江迁回长沙时，学校只能依靠搭建油毡棚暂作教室、学生宿舍、办公室、食堂和澡堂，学校因此被戏称为"银行棚校"。经过近 20 年的建设，至 20 世纪末，湖南银行学校已经拥有教学楼 1 栋，办公楼 1 栋，学生宿舍楼 2 栋，中央空调、热水进户的教职工宿舍 4 栋，集图书馆、电教馆、计算机网络中心、多媒体教室于一体的科教大楼 1 栋，能够容纳 800 多人观看演出的大礼堂 1 栋，会议、教学、住宿、娱乐功能齐全的干训服务大楼 2 栋，学校固定资产达 5000多万元。校园内绿茵遍地，碧树成林，雕塑喷泉，亭阁回廊，往日"棚校"的痕迹已荡然无存。

　　1987 年 11 月，湖南银行学校成立干部培训科，承接并完成湖南省人民银行干部训练班（共 26 期）、城市信用社短训班（共 4 期）和人民银行总行处干班（1 期）等培训任务。在办学机制上，湖南银行学校立足金融，面向社会，瞄准经济发展对人才的需要，顺利完成了从单一金融专业向多种专业、单一中专层次人才培养向多种层次人才培养的转化，形成了较强的市场竞争能力；先后开办城市金融、农村金融、国际金融、合作金融、证券、保险、财会、办公自动化、公关文秘、计算机应用等十个专业。同时，湖南银行学校与湖南财经学院、厦门大学、河南金融管理干部学院、湖南大学、海南师范学院等高等院校联合开办专科和本科函授教育，承接了人民银行长沙中心支行党校的日常工作，完成了人民银行总行、人民银行武汉分行的干部培训以及农村信用联社主任培训等任务。多层次、多渠道、多形式的办学，使湖南银行学校成为集教学、科研、服务、经营于一体的教育培训综合基地。

1980年复校之后的20年间，湖南银行学校向社会培养和输送各类专业人才14000余名。大多数毕业生成长为各行业的业务骨干、科研尖子，不少人走上各级领导岗位，为湖南银行学校赢得良好的社会声誉。

1994年，湖南银行学校被国家教委评为"全国重点中专学校"，此后相继获得"长沙市花园式单位""长沙市社会治安模范单位""湖南省金融系统模范职工之家""湖南省精神文明单位"等称号。1998年，学校荣获"湖南省园林式单位""湖南省文明单位"称号。

2000年2月12日，教育部发布《关于划转地方管理的国务院部门（单位）所属中等专业学校和技工学校名单的通知》，湖南银行学校属于划转对象之列。7月，湖南省人民政府正式批准以湖南教育电视台和湖南银行学校为基础，成立湖南大众传媒职业技术学院。此后，湖南银行学校作为学校中专部保留了几年，随着最后一届湖南银行学校中专生毕业离校，于2003年被撤销。

二、长沙县教师进修学校整体并入

长沙县教师进修学校（以下称进修学校）创办于1980年8月，为长沙县教育局下辖的正科级单位。进修学校最初建址于长沙县高桥镇，是湖南省首批备案的优秀县级教师进修学校，1982年下半年，迁址到长沙县安沙镇。进修学校主要承担全县小学和初中教师继续教育培训的任务，同时兼具学历教育和社会服务的功能。办学 30 多年间，进修学校先后开展小学教师中师学历培训、专业合格证考试培训、教材教法过关考试培训、小学教师教学基本功培训、电教培训、幼师培训、县级各类骨干教师培训、小学校长培训以及多轮次小学和初中教师继续教育培训（五年一个周期）等培训，此外还承担了全县所有中小学教师的信息技术和普通话的培训、考（测）试。进修学校先后与长沙教育学院、湖南师范大学、长沙广播电视大学、福建师范大学、兰州大学、湖南大学以及中南大学联合办学，培养各类师范类和非师范类专科和本科毕业生近 3000 名，其中与中共长沙县委组织部和长沙电大联合举办"一村一大"和"农民大学生"的学历教育，为长沙县培养社会主义新农村建设所需的专科和本科管理与技术人才 1851 名。进修学校既是长沙县电大函授站，也是湖南师范大学高函站，常年拥有在校学生近 500 名，先后为社会培养各类人才 10000 余名。2001 年，进修学校拟搬迁到星沙镇板仓北路办学，并开始在此修建办公与培训大楼。

　　2002 年 7 月 26 日，长沙县委、县人民政府与学校签订《长沙县教师进修学校、长沙县实验小学移交湖南大众传媒职业技术学院管理的协议》。2002 年 9 月，进修学校搬迁到长沙县新县城——星沙镇。按照协议，长沙县教师进修学校整体并入湖南大众传媒职业技术学院后，更名为星沙教师进修学校，继续履行原长沙县教师进修学校职责，承担全县中小学教师培训任务，作为学校附属单位，仍保留二级法人建制。2003 年 11 月 4 日，在学校举行了长沙县人民政府与学校关于长沙县教师进修学校和长沙县实验小学人事移交的仪式，学校共接收"两校"教职工人事档案 49 份，"两校"教职员工正式融入学校大家庭。2011 年 5 月，进修学校与学校继续教育中心合并办公。2014 年 12 月，湖南省机构编制委员会发文，撤销星沙教师进修学校法人机构建制。随后，进修学校的职责与任务归入学校继续教育中心。长沙县教师进修学校的整体并入，对推进学校教育培训事业的发展，扩大学校的社会影响力发挥了重要作用。

三、长沙县实验小学整体并入

长沙县实验小学（以下称实小）创办于 2000 年 8 月，由长沙县委、县人民政府投资兴建，直属长沙县教育局管辖，校址位于星沙镇板仓北路。实小首聘的 16 名教职工均为面向全县公开招聘而来的优秀在职教师。2001 年，实小开设 6 个班，学生近 200 名。2002 年上学期，实小继续在全县选聘 3 名优秀教师充实教师队伍。2002 年底，按照长沙县委、县政府与学校签订的《长沙县教师进修学校、长沙县实验小学移交湖南大众传媒职业技术学院管理的协议》，实小整体并入学校，成为学校附属小学，更名为星沙实验小学。依照协议，实小实行校县联合办学模式，由学校、县两家共建，在长沙县教育局的业务指导下，继续承担小学义务教育职责，每年在校班级数不少于 24 个。2003 年 11 月，实小人事档案移交学校。2007 年 12 月，由学校投资择址兴建的星沙实验小学新校园落成，实小搬迁至新校园——星沙镇明月路 247 号。实小现设有一年级到六年级共六个年级，在校学生 1400 多人。长沙县实验小学的整体并入，增强了学校在基础教育领域的社会影响力，为扩大教育资源的利用效率，加强学校与长沙县人民政府的联系与合作开辟了新的途径。

四、湖南省广播电视学校整体并入

2004 年 11 月，经湖南省人民政府批准，原湖南省广播电视学校整体并入湖南大众传媒职业技术学院。始创于 1958 年的湖南省广播电视学校（以下称省广校）是一所以培养广播电视艺术人才、管理人才和技术人才为主要任务的全省唯一的广电类全日制普通中等专业学校。1958 年 9 月，省广校前身——"湖南广播技术学校"成立。建校之初，共招收四个班，学生均由全省各县市广播站选送。1960 年，省广校在长沙县榔梨镇清凉寺设分部，分部开设三个班，即"元件班""传音班""机械班"。从 1958 年建校到 1961 年，省广校从长沙市河西到马王堆五里牌再到长沙县榔梨镇，共迁址三次。

1961 年 9 月，湖南广播技术学校停办。

1979 年 1 月，经湖南省革命委员湘革发〔1979〕1 号文件批准，恢复"湖南广播技术学校"建制。1980 年 4 月，湖南省广播技术学校改名为湖南省广播电视学校，校址迁至长沙市韶山北路 641 号（后更改为 441 号）。

1983 年 3 月，一幢建筑面积为 3580 平方米的教学楼竣工，初步解决了教室、实验室和办公用房之需。1984 年，电视专业改为广播电视专业，专业面扩宽，课程设置兼顾音频广播和电视广播技术。4 月，"北京广播学院湖南函授站"成立，站址设在省广校内。

1985 年，省广校增设广播电视播控专业，招收高中毕业生，学制两年。新闻专业两个班采取与湖南广播电视大学联合办学的形式，学生毕业时可同时获得中专和大专文凭。

1986 年和 1987 年，省广校受国家广电部教育司委托，从当年北京市参加全国高考的考生中择优录取 43 人，为中央电视台和中央人民广播电台培养播控专业人才。省广校函授教育迅速发展，在株洲、岳阳、常德、湘潭设立分站，开始招收社会青年入学。

1989 年 8 月，综合楼竣工并投入使用，解决了图书室、阶梯教室及办公用房之急需，与此同时，电工、物理实验室、高频电子线路实验室、脉冲数字电路实验室、电视接收实验室以及计算机房相继建成，实习实训条件获得改善。

1997年，全省中专学校实行招生并轨改革，省广校抓住该机遇，以广播电视系统人才需求为基础，开办公关礼仪专业。当年招生353人，全日制在校学生达到880人。

2002年，省广校进行人事机构改革，将原有的18个科室合并为15个。当年招生人数增至556人，在校学生数达到1300人（为历史最高位）。11月，在湖南函授站的基础上成立北京广播学院继续教育学院湖南分院。

2004年初，为了适应国家教育形势的发展，湖南省广播电视局专门就省广校今后的出路和发展问题，约请湖南省教育厅领导进行友好磋商。厅局主要领导举行会晤后，形成共识——将省广校整体并入湖南大众传媒职业技术学院，以期达到资源整合的双赢目的。此后，厅局有关负责人、两校领导班子成员、相关职能部门负责人多次接触，就合并的具体方案反复进行协商。6月，省广校向湖南省广播电视局提交《关于湖南大众传媒职业技术学院、湖南省广播电视学校合并有关问题的请示》。9月，两校就合并的相关重要问题分别向各自的主管部门汇报和请示。11月，湖南省教育厅、湖南省广播电视局联合向湖南省人民政府递交关于两校合并的申请。12月中旬，湖南省人民政府正式下文批复，准予湖南省广播电视学校整体并入湖南大众传媒职业技术学院。

2005年9月，省广校全体教职员工开始在湖南大众传媒职业技术学院各个工作岗位工作，这标志着省广校整体并入学校的工作全部结束。

省广校先后开设播音与主持艺术、电视节目采编制作、影视广告、影视摄像、广播电视技术、电子声像设备、公关文秘等多个专业，并通过多种形式的联合办学，为国家培养了一大批德才兼备的广播电视专业人才。在毕业生中，汪涵、魏哲浩、王燕、蒋宏杰、仇晓、朱皓峰、李好等许多极具社会影响力的主持播音专业人才深受人民群众的喜爱，省广校因此获得广泛的社会赞誉，被称为"广电湘军的摇篮"。随着省广校的整体并入，其优质的专业品牌和师资融入学校，极大地增强了学校培养传媒人才尤其是广播电视人才的师资力量，增加了宝贵的专业建设经验，办学优势更加明显。

上述教育事业单位的先后融入，加强了教育资源的整合，增强了学校的办学实力，为学校的发展奠定了坚实的基础。二十年间，学校突显高等职业技术教育特点，努力探索特色发展之路，在大众传媒教育领域辛勤耕耘。历史见证了学校广大教职员工勇于探索的进取精神、求真务实的拼搏精神、团结奋斗的实干精神和鞠躬尽瘁的奉献精神。

从酝酿成立至今，学校走过了不平凡的艰辛发展历程。这一历程大体可以划分为四个发展阶段。一是学校初创阶段（2000—2003年）。从湖南教育电视台与划归地方管理后的湖南银行学校联合，共同酝酿并成立湖南大众传媒职业技术学院，到学校办学主体从南院（长沙市雨花亭校区）搬迁至北院（长沙县星沙校区）；二是跨越发展阶段（2003—2006年）。从搬迁至星沙校区后，学校着力改善办学条件，强化办学"硬件"建设，到迎接教育部办学水平评估，获得办学水平评估优秀等级；三是内涵建设阶段（2006—2013年）。从办学水平评估达优后，努力提高管理水平，重点加强办学"软实力"建设，全力争创湖南省示范性高职院校、国家示范性（骨干）高等职业院校，到顺利通过国家首批骨干高职院校项目验收；四是品牌提升阶段（2013年至今）。学校建成国家骨干高职学院后，继续争创湖南省卓越高职学院，全面提高办学质量，努力建设高水平特色学校，打造学校优质办学品牌。

第二节　建校之初（2000—2003 年）

2000 年 2 月起，湖南银行学校与湖南教育电视台联合，共同为创建湖南大众传媒职业技术学院做了大量卓有成效的筹备工作。学校正式建立后，在新校区开拓、机构设置、师资队伍建设、规章制度建立、教学规范、生源扩大、学校搬迁等方面做了不懈的努力，确保了学校创建初期各项工作的有序推进。2003 年 3 月，学校顺利完成整体搬迁，学校事业因此获得了更加宽广的发展空间。

一、教育传媒事业的发展催生学校

1999 年，湖南教育电视台成立之初，切身感受到湖南传媒人才奇缺，这严重制约了教育电视传媒事业的发展。在湖南这片电视事业的热土上，湖南教育电视台作为新成立的专业台面临着生存和发展的巨大压力。为了尽快培养采、编、播等各方面专门人才，更好更快地推动湖南教育电视传媒事业的发展，1999 年下半年，原湖南省教委副主任、党组副书记、高校工委副书记、时任国家督学、湖南省人民政府主任督学陈白玉提出以教育电视台为依托筹办一所公有民助的传媒学院的动议，期望通过"前台后院、院台互促"的形式，推动院台共同发展。在经过前期调研并获得湖南省教委同意的基础上，2000 年初，湖南教育电视台成立了学院筹建工作专班，正式启动学院筹建工作，并与当时的湖南亚华教育投资有限公司达成了合作办学意向。

2000 年 2 月，教育部下发《关于划转地方管理的国务院部门（单位）所属中等专业学校和技工学校名单的通知》，湖南银行学校由中国人民银行总行管理划归地方管理后，开始寻求新的办学定位和发展方向，在获悉湖南教育电视台正在筹办一所传媒学院的信息后，湖南银行学校主要领导主动与湖南教育电视台领导联系，共商合作创办传媒学院事宜。3月上旬，湖南教育电视台领导班子成员对湖南银行学校进行了实地考察，台校双方初步达成联合申报、共同创建湖南大众传媒学院的意向，并决定由湖南教育电视台先行向湖南省教委计划处汇报。3月25日，湖南银行学校向湖南省教委提交了《关于请求湖南省教委接管我校的报告》。此后，台校联合筹办传媒学院的工作正式开展，学院筹建专班的办公地点随即从湖南第一师范学校迁入湖南银行学校18号楼。

2000年4月下旬，时任湖南省省长助理许云昭和时任中共湖南省委高校工委书记、省教育厅党组书记、湖南省教育厅厅长蒋作斌在湖南省浏阳县听取了台校联合筹办学院的工作情况汇报，对传媒学院的筹办给予高度重视和全力支持。会后，台校领导以及相关人员对我国广播影视业、报刊传媒产业、网络经济发展状况和前景、我国现有高校结构进行了广泛深入的调研和分析，在此基础上，提出了按照"前台后院、优势互补，资源共享、共生发展"和"小规模、高质量"的建校原则，共同创建一所新型的公立传媒类高职学院的构想。5月8日，湖南银行学校和湖南教育电视台联合向湖南省教育厅提交《关于设置"湖南大众传媒职业技术学院"的请示》（湘银校〔2000〕21号）和（湘教视报〔2000〕4号）。

2000年6月8日，湖南省教育厅下发《关于成立湖南大众传媒职业技术学院筹备小组的通知》（湘教通〔2000〕92号），通知中明确"同意成立湖南大众传媒职业技术学院筹备小组，筹备小组由陈白玉同志任组长，方林佑、冯一粟同志任副组长，计划统计处、人事处、财务建设处、职业技术教育处负责同志为组员。筹备小组主要负责湖南大众传媒职业技术学院的申办、筹建和湖南教育电视台搬迁的有关工作"。在组长陈白玉的率领下，时任湖南银行学校党委书记、校长方林佑，时任湖南教育电视台常务副台长冯一粟与筹备小组其他成员一道，有条不紊地开展了学校筹建的各项工作。学校筹备小组的全体工作人员加班加点，积极准备学校创建所需的各项材料，筹备组组长陈白玉从学校未来发展蓝图的谋划到论证材料的审改，从学院新校区的选址到争取省政府的支持，事无巨细，亲力亲为，做了大量艰苦细致的工作，为学校的创建做出了历史性的重要贡献。6月9日，筹备小组正式向湖南省教育厅提交《关于设置湖南大众传媒职业技术学院的论证报告》，经过专家组审核，可行性论证报告获得通过，湖南省教育厅遂向湖南省人民政府呈报了请求批准成立湖南大众传媒职业技术学院的文件（湘教报〔2000〕92号）。2000年7月22日，湖南省人民政府以湘政办函〔2000〕103号文件正式批复湖南省教育厅："同意在湖南银行学校和湖南教育电视台的基础上建立湖南大众传媒职业技术学院"，明确学校"系专科层次的高等职业学校，由你厅负责管理，学校发展所需经费由你厅统筹解决""学校学制3年，全日制在校生规模暂定1200人"。

2000年7月，湖南省招生办向社会正式下达了湖南大众传媒职业技术学院2000年4个专业共200名的招生计划，并将其电传到了全省各地市招生办。由于当时考生填报高考志愿工作已经开始，且距离当年的志愿填报截止时间仅剩4天，而考生据以填报高考志愿的《招生计划专辑》中没有湖南大众传媒职业技术学院的名录，为了让更多的考生尽快知晓学校的招生信息，学校一方面在《湖南日报》第一版登载了学校成立和当年招生的公告，另一方面采取了一系列应急措施。一是充分利用电视媒体快速准确地传递学校的招生信息；二是派出6个生源发动小组赴全省各地进行有重点的面对面生源发动；三是有针对性地寄发邮件和拨打电话，积极主动地发动生源；四是认真组织艺术类专业（主持与播音专业、影视表演专业）考生参加专业面试，挑选艺术苗子。通过这些努力，学校首届招生的四个专业（影视表演、主持与播音、网络技术与应用、广播电视新闻学）共录取新生292人，比原计划超录92人。至此，学校实现了"当年筹建、当年批牌、当年招生"的目标，创造了高校设置史上的奇迹。

8月13日，湖南省机构编制委员会同意湖南银行学校"对外暂保留湖南银行学校名义"，对内成为学校十三个教学机构中的"中专部"。许明文担任中专部主任（湖南银行学校校长），原湖南银行学校招收的中专学生继续在校区内完成学业（不再招录中专新生）。

8月16日，中国人民银行长沙中心支行向湖南省教育厅移交湖南银行学校的移交仪式在湖南银行学校19号楼7楼会议室举行，会上，湖南省教育厅、中国人民银行长沙中心支行和学校三方共同签署《中国人民银行所属院校移交工作协议书》。9月9日，在原湖南银行学校19号楼隆重举行了湖南大众传媒职业技术学院成立揭牌仪式。

9月15日，学校首届录取的新生在原湖南银行学校校区内报到入学，共有285名新生来校报到，报到率达97.6%。首届学生入学后，学校组织了严格的军事训练和丰富多彩的入学教育活动，如郊游、外出参观、才艺表演等；通过层层竞聘和选拔，成立了学校首届学生会、团委会，并召开学生会、团委会以及班级学生干部会议，明确职责，加强学生自我管理能力的培养；根据学生的实际情况，开展了法纪教育、主题班会教育，从湖南师范大学聘请高年级的优秀学生来校与学生交流大学生的学习方法和校园生活体会；组织学生学习奖惩条例，抓好校风建设，同时开展学生社团活动，分别组建了四个学生社团：篮球队、文工团、文学社、校园电视台。

在学校成立之初，学校筹备领导小组多次召开不同层次的会议，认真分析教育发展形势，统一思想认识。根据省委、省政府和省教育厅党组的指示精神，结合大众传媒事业发展对人才规格的要求，借鉴国际国内先进的办学经验，学校确立了"以人为本、质量立校、创新兴校"的办学思路，立足湖南，面向全国，瞄准传媒市场发展对人才需求的办学定位，依托湖南教育电视台，首创"前台后院、优势互补、资源共享、共生发展"的新型办学模式。学校致力于实现理论与实践相结合的高等职业教育的最优化选择，增强学校活力；学校追求在创新中形成自己的办学特色，在办学方向上独辟蹊径，实行个性化教育和开放式办学，强化学生发展后劲；学校通过聘请名师执教，广泛采用现代化教学手段，确保教育教学质量，以能力培养为中心，着力培养岗位型、技能型、应用型的具有国际竞争力的高素质传媒人才。

2001 年 8 月，学校首次面向全国招生。来自 14 个省、自治区、直辖市的 591 名新生在学校南院（原湖南银行学校校区内）报到入学，报到率为 84.55%。2002 年，学校录取新生 1860 名，来校报到 1382 名，报到率为 74.30%；中专部（原湖南银行学校）四个专业的 178 名毕业生中有 56 名毕业生选择继续读书深造，107 名毕业生顺利走上工作岗位，初次就业率达 88.5%。2003 年，学校录取新生 2537 名，来校报到 2163 名，报到率为 85.26%。

2002 年，湖南省教育厅批准校台之间进行资产等量置换。在学校和湖南教育电视台的共同努力下，湖南教育电视台从原址（湖南第一师范学校）搬迁至湖南银行学校校区内，湖南教育电视台则将在星沙拟建新台址的已购百亩土地置换给学校，用于新校区建设。

二、依规设立组织机构

2001 年 3 月 24 日，中共湖南省委下发湘委干〔2001〕55 号文件，任命方林佑为中共湖南大众传媒职业技术学院党委委员、书记。4 月 20 日，中共湖南省委组织部下发湘组干〔2001〕69 号文件，任命冯一粟为学校党委委员、副书记、副院长，任命姚海涛为学校党委委员、副书记。5 月 11 日，湖南省教育厅报请湖南省委、省政府领导和省委组织部同意，聘任陈白玉为学校名誉院长。

6 月 13 日，湖南省委组织部下达湘组〔2001〕49 号文件，批复同意成立中共湖南大众传媒职业技术学院委员会，党委班子由方林佑、冯一粟、姚海涛三人组成，党委下辖机关、教务、报刊传媒系、电广传媒系、网络传媒系、主持与播音系、影视艺术系、经济系、成人教育部、中专部共 10 个党总支。

8 月 13 日，湖南省编委确定学校副处级管理机构 7 个、教学系（部）机构 13 个，事业编制仍按原湖南银行学校 190 人确定。为了保证学校各项工作的正常进行，筹备小组就学校成立后的组织机构、教学设施、师资力量等做了精心规划和认真配备。根据大众传媒教育的内涵和特点，学校设立机构有：办公室、组织人事处、教务处、学生工作处、财务基建处、科研管理处、产业管理处、报刊传媒系、电广传媒系、网络传媒系、主持与播音系、国际传播系、影视艺术系、应用美术系、经济系、管理系、公共课部、成人教育部、中专部、图书馆、基建办（临时机构）、教育服务中心（临时机构）。

三、规划和建设新校区

2000 年到 2001 年，学校大专学生和原湖南银行学校招收的中专学生共同在一个校区内学习和生活。由于原湖南银行学校位于长沙市雨花亭人口稠密地段，校区面积狭小，周边无法拓展，不能满足高职教育事业发展的需要，学校经研究决定，将雨花亭校区（南院）主要作为培训与招生工作的基地，而将办学主体搬迁至建有国家级经济开发区的星沙（北校区），为学校事业发展寻求更大的空间和更好的条件。

2001 年 5 月，学校开始着手北院建设规划论证。经过清华大学彭培根教授与有关设计单位专家论证，机械工业部第八设计院设计的校园建设方案中标。2001 年 10 月 10 日，星沙校区（北院）建设领导小组成立，方林佑任组长。新校区建设在湖南省教育电视台已征购 100 亩土地上启动（长沙县人民政府划拨周边土地，使学校北校区总面积达到594 亩）。星沙校区工程建筑设计总规模为 63000 平方米，按照省委和省政府"高起点规划、高水平设计、高质量建设"的要求进行建设。

2002 年，学校按照"自筹资金启动—银行贷款过渡—引进投资商经营"的思路，想方设法筹得资金 5000 万元。通过后勤社会化改革，引入民间资本建设后勤服务大楼和学生公寓一区。到 2002 年 9 月，新校园建设已初具雏形：完成了临时图书室、计算机房、语音室、球场等教学及管理设施的初步配套，完成了校内主干道的建设和部分绿化工程，较好地解决了邮政、通信等生活问题；学生公寓一区两栋学生宿舍楼（A 栋和 B 栋）竣工，教学楼、实验楼、后勤服务大楼基本建成并投入使用，图书馆、艺术馆、体育馆、运动场开始进行设计和准备项目建设招标。

2002 年上半年，通过公开招标，学校集中采购了学生课桌椅、黑板、新生生活用品、学生食堂厨具、餐桌椅、燃油锅炉及热水供应系统、计算机、语音室设备、音响设备、非编系统等十大类教学和生活物资。

9 月 20 日，后勤服务大楼学生食堂的厨具设备开始安装。学生食堂的卫生清扫、餐桌椅的摆放、收费系统的安装调试等各项工作全面展开，学生食堂整夜灯火通明。9 月 22 日，经过后勤职工加班加点，产业管理处租用的 800 个新铁架双层床铺被及时安装在原长沙县教师进修学校办公楼内，确保了 2002 级新生于 23 日和 24 日报到时顺利入住。23 日中午，学生食堂开始供应中餐，下午 5 点，学生澡堂正式开放，学生吃饭和洗澡的两大难题得到解决。与此同时，学校与长沙县环保局联系，确保垃圾站建成之前校园内垃圾能及时运出。学校与县城管局联系，初步解决了校区周边环境治安管理问题。

2003 年，新校区建设进度加快。学生公寓和后勤服务大楼的内饰与设备安装，田径运动场、微格教室、宣传栏、室外网球场、学校校门、综合楼建设以及星沙新校区近 3 万平方米的绿化工程相继完成，学校教职工星沙住宅小区的调查和建设准备工作进展顺利。此外，学校购买了长沙县建筑市场管理站办公大楼和一栋职工宿舍楼（含周边绿化区），暂作学校办公楼使用。学校配合湖南省审计厅完成了 2002 年度基建项目审计工作。

四、建立基本管理制度

为了适应高职教育发展需要，学校严格按照国家有关高等学校管理标准和要求，参考其他高校管理经验，结合本校实际，抓紧制定教学管理、学生管理、行政管理、财务基建管理等基本制度，确保学校正常运行。2000 年，学校先后制定了《办公管理制度》《人事管理制度》《学生管理制度》《教学工作规范》《科研管理制度》等一系列涉及办公、人事、教学、科研等方面的基本规章制度。这些制度的建立与实施，明确了各岗位的职能和教职员工的职责，保证学校工作有章可循。

2001 年，学校对原有制度进行了修订，加大了人事制度改革与分配制度改革的力度。学校开始推行教师聘任制与全员聘任制，竞争上岗，严格考核，末位淘汰，优化了教师队伍，同时，在收入分配上推行岗位工资制，拉开档次，收入分配开始向教学第一线倾斜。

2002 年，学校贯彻落实《中国共产党和国家机关基层组织工作条例》，加强基层党支部的建设，完善民主生活会和组织生活会等制度。按制度规定，每季度至少召开一次组织生活会，校党委加强政治学习的督促与检查，检查结果定期公布；遵照党章要求，积极做好党员发展对象的培养考察工作，每季度发展学生党员 9 人，教师党员 5 人。

2003 年，学校广泛开展校外调查研究、学习取经活动，学校领导带队先后考察江西省蓝天职业技术学院、江西水利水电高等专科学校、湖南工业职业技术学院、株洲冶金职业技术学院、株洲铁路职业技术学院等高校。通过虚心学习取经，学校制定了《教师培训工作规程》《关于加强教师队伍建设的意见》《外聘教师授课管理办法》等一系列教师队伍建设和管理文件，修订了《引进人才的暂行规定》等规章制度。通过进一步完善规章制度，强化以教学为中心的教育理念，加大了教学工作领导力度。

五、编制学科（专业）建设规划

2000 年，学校在参考北京广播学院、浙江广播电视高等专科学校相关专业教学计划的基础上，按照重实践、重能力培养的指导思想，拟定了各专业教学计划初稿，之后，聘请省内专家进行反复讨论、修改、论证，经四易其稿后，形成了学校首批各专业的教学计划。

2001 年，经过广泛深入的调查论证，依照"整体规划、分步实施"的原则，学校开始制定"一五"发展规划，明确发展目标、办学方向、工作重点及主要措施，解决学校在改革发展进程中出现的一系列全局性、战略性重大问题，为各项工作确立航向和坐标。

2002 年，学校把办学定位概括为"四个一"，即坚持一个方向，注重一个特色，完善一个模式，建好一个基地。即坚持以全日制应用型教育为发展方向，注重传媒特色，完善"前台后院"办学模式，力争把学校建成解决传媒领域所面临的理论、实际问题和向省内外输送高素质传媒人才的教学科研基地。这个定位，得到了湖南省教育厅领导和有关专家的认可，按照这个定位，学校出台了学科建设、人才引进、招生就业等一系列改革方案。是年，学校制定了《学科发展规划（2002—2005）》《学科建设办法》《师资配备与培训规划》等一系列有关学科建设的制度规定，初步搭建起学校学科（专业）建设的基本框架。学校对 16 个专业的教学计划进行修订，完成了部分专业教材、教参的编写工作，各种教学设备和实习、实训基地基本满足教学需要。下半年，播音与主持艺术专业、多媒体应用专业顺利通过省级试点专业的评估验收。

六、多渠道构建教师队伍

建校之初，根据教育部《关于新时期加强高等学校教师队伍建设的意见》和学校事业发展规划，学校把教师队伍建设作为教育教学工作的首要任务，制定了加强教师队伍建设的具体计划，采取有效措施，使教师队伍建设的目标、任务落到实处。

一是成立教师聘任委员会，把好教师质量关。明确规定，原湖南银行学校教师必须通过学校教师聘任委员会的严格考核后，方能上讲台授课。2001 年，学校原有的 72 名教师通过岗位培训和考核，获得任用。二是聘请一批专家、教授来学校工作。建校初期，学校艺术类和传媒类专业师资力量严重短缺，为此，学校设立"'"住校教授"制度，广纳人才，先后聘请51位传媒行业和文化艺术界的虽已退休但身体健康的老专家来校工作，老专家们分别从事学校教学组织与管理、担任教学系主任、承担专业课程的教学和指导，学校因此获得优质的骨干师资力量，不仅有效地缓解了学校初创时期专业师资严重缺乏的突出矛盾，而且为专业建设提供了有力支撑，奠定了大众传媒教育的坚实基础。三是从高校毕业生中接收一批学有专长的硕士、博士，还从高等学校择优引进一批高学历青年人才。四是有计划地选送一批有发展前途的本校青年教师到其他高校进修、培训，提高学历层次。学校积极鼓励中青年教师参加研究生课程进修班的学习和单科进修，更新知识与观念。

2001年，学校引进相关专业教师14名，其中聘请知名专家、学者9名，研究生以上学历教师2名。2002年，为了加强专业教师队伍建设，引进了包括来自国内多所名牌大学的优秀本科毕业生30名，同时，聘请了一批省内业界著名的专家、学者来校任教。2003年，为了优化教师队伍结构，引进教师22人，其中副高以上职称10人，专职辅导员5人。

学校实行专业带头人制度。学校选聘高水平教师担任各专业的课程教学工作，发挥带头引领作用，保证教学质量。为了加快教师的知识更新，学校规定，每个专业每月应举行一次高质量的反映本专业最新研究成果的学术讲座。

2003年，学校初步建立日常教学管理监控体系，教师的课堂教学被进一步规范。学校采取一系列措施加强教师教学质量的监管，先后建立常规听课制度、教师课堂教学质量评估制度、教务部门教学检查值周制度、系（部）日常教学巡课制度。建立教学督导制，对教学运行、教学管理、学生的学习情况等进行全面、真实、有效的掌握。严格执行教考分离，提高教学效果考核的科学性。

经过三年的建设，到 2003 年，学校初步形成了一支以本校专职教师为主，行业兼职教师为辅，专兼互补，稳定与灵活相结合的教师队伍，基本保证了教学的正常运转。是年底，学校在职教职工 394 人（不含离退休人员），其中，专职教师 130 人，管理人员 89 人，教辅人员 58 人，其他人员 117 人；正高职称人员 5 人，副高职称人员 90 人，中级职称人员 106 人。另有一批外聘教师在校任教。

七、逐步完善专业设置

2000 年，在首届学生中，学校仅开设主持与播音、影视表演、广播电视新闻学、多媒体技术及应用 4 个专业。

2001 年，学校对广播电视新闻学、主持与播音等 14 个专业教学计划进行修订完善，完成了专业设置的论证工作。三年制专科开设专业扩大到 14 个。

2002 年，学校生源渠道扩展到全国 19 个省、自治区、直辖市。外省招生计划衔接总量比 2001 年增加 1 倍，达到 740 人。经湖南省教育厅批准，学校在湖南岳阳、郴州和河南郑州设立考点，单独组织了主持与播音、影视艺术两个艺术类专业的专业考试。学校新申报了编辑出版学、音乐表演、英语（商务翻译）3 个专业，三年制专科开设专业增加到 17 个。

2003 年，学校根据市场需求及时调整招生专业。遵照湖南省教育厅 2004 年新增专业申报工作的有关文件精神，在学校督导室专家的协助下，教务处组织各系（部）通过对几年来专业建设的情况和人才市场的分析，对现有专业进行认真评估，及时暂停了学校暂不宜开办专业的招生，同时，结合学校的教学条件和发展规划，向省教育厅申报了新闻学、动画艺术、环境艺术设计、报刊经营、电子商务等 11 个专业。

八、注重以科研促教学

加大教学与科研投入。2000 年，学校对校园网络进行整改扩建，学生机房的教学与培训工作得到保障。学校全年举办 8 次高质量的学术讲座，受到教师欢迎。

2001 年，学校为了加强科研工作，在办学经费紧缺的情况下，投入科研经费 30 余万元，组织教师申报了省教育厅、省教科院、人民银行武汉分行、中国金融教育基金会等课题 40 余项。10 月 11 日，学校院长办公会决定，启动"大众传媒学术文库"与校刊校报的建设，会后，成立了学校学报编委会和编辑部。公开发行的《湖南大众传媒职业技术学院学报》《湖南工人报·教育导刊》和学校内刊《金融论坛》、校报《湖南大众传媒学院报》等，为师生从事科研实践提供了良好平台，扩大了学校科研的社会影响力。学校教师发表论文 73 篇，其中核心期刊 6 篇。出版教材 1 部。

2002 年，学校开办融智网站，为数字图书馆建设工程和电子阅览室建设服务，并为教职员工开展科研提供方便。1 月，《湖南大众传媒职业技术学院学报》创刊号出刊。学校成立了学术委员会，在学术委员会指导下，当年组织教师申报省级科研课题 6 项，其中 2 项获批立项，实现了学校在省级课题立项上零的突破；组织申报厅局级横向课题 7 项，6 个课题获得厅局级立项和资助。在推荐参加全省职教学会评奖的 5 个项目中，2 项获二等奖，3 项获三等奖；推荐 5 项成果参加全国职教研讨会评奖，1 项获得三等奖；推荐 2 项成果参加湖南省第三届职业教育教研教改成果评奖，1 项获得二等奖；另外，3 项成果被推荐参加全省高校政治思想工作研究会评奖。"湖南大众传媒学术文库"丛书的首批著作出版十余种，涵盖了专著、译著、教材、教参四个系列。全校教职工在公开刊物上发表学术论文91篇，其中核心期刊12篇。出版专著3部，编写出版教材6部。

九、实习实训初见成效

2000年，为保证教学实习实训需要，学校努力做好教材、图书资料、教学器材、教学设备的采购配备工作。学校添置了8架钢琴、100台计算机、20余台摄像机、照相机，采购了8万多元的图书资料；新建、改建练功房、琴房、排练房，并按一流水平予以装修；新建微格教室和2个计算机房，允许学生课余时间自由上机、上网，为学生创造自学、实践、探索新知识、训练职业技能的条件。

2001年，学校投入100余万元添置电脑、图书等。从2002年起，计算机课程均开设上机实验，上机操作与课堂讲授比例达到1∶1。学校组织网络传媒系2000级和2001级学生到中南大学铁道学院，分别完成了"电子技术""大学物理"等课程的实验教学活动；组织2000级多媒体专业学生开展综合实践教学活动，包括CI形象设计、多媒体网页设计、组网应用技术、应用程序设计等28个项目。通过这些设计、实验活动，学生多媒体技术的综合应用能力得到提高。2003年，学校制定了《实验室建设规划》，招标采购一批教学急需的实验设备，并对教学设备设施进行登记，归口教务处管理。依托学校广播站、电视台、校内发行的报刊和《湖南工人报·教育导刊》，学校初步搭建起校内实习实训平台，同时，学校加强与社会新闻媒体和文化传播公司的合作，开辟校外实习基地，教学实训条件有所改善。

2002年，作为教育部IT&AT远程培训基地，学校通过卫星接收系统，下载了30多门计算机相关课程的课件，并将其安装在校园网上，这既有利于教师的专业学习和能力提升，又方便学生选修和自学。

尝试工学交替培养学生。2001 年 2 月 28 日，学校与湖南工人报社签署了为期三年的《〈湖南工人报·教育导刊〉办报协议》。《教育导刊》四开八版，全年 52 期，每周五出报，突出教育特色，服务对象主要为全社会中青年劳动者、大中学校学生和教育工作者，编辑部由学校教师组成，负责各版面的组稿、编稿和清样校对，这些工作基本上由学校 2000 级至 2002 级新闻专业的学生在编辑部老师的指导下独立完成。2001 年至 2004 年，《湖南工人报·教育导刊》共接纳新闻专业 50 余名学生实习（每期 3 个月，每期 4 至 6 人），学生的专业能力得到提高。

2002 年，学校确立"岗位型、应用型、技能型"人才培养模式，明确要求课程教学必须着眼于学生职业能力的培养。影视表演专业率先引入行业标准，探索"以课堂教学学习表演知识、以排练活动培养表演技能、以演出实践锻炼角色创造能力"的"学、练、演"相互融合的一体化教学模式。由学生排演的话剧《雷雨》在湖南省话剧团剧场演出时，获得观众好评。主持与播音系学生参加了湖南卫视、湖南经视、湖南教育电视台、湖南都市频道的节目主持和节目制作。影视艺术系学生经常自编、自导、自演小品，在 2002 年排演了 16 个各具特色的作品，学生基本掌握了舞台剧排练手法和以调动灯、服、导、效、化等要素为主题的综合服务技能。曾在学校排演的话剧《雷雨》中担任主角的学生陈涛和郑亚恬被电视剧《崀山情》剧组选中并担任剧中重要角色；编导专业学生王亚和石相杰受邀在潇湘电影制片厂参加《郭亮》剧组导演组的工作。2002 年，电广传媒系学生在《三湘都市报》《潇湘晨报》《东方新报》《南方都市报》等各类公开刊物上发表新闻稿件100 余篇，共计 10 余万字。在湖南各电视台担任实习记者的学生，参与了各类大型电视新闻报道和节目制作，独立完成电视实习作品 30

余部。

2003 年 10 月,学校首届校园文化艺术节开幕。在一个月的时间内,各系学生紧密结合专业特点,开展丰富多彩、专业特色鲜明的各类艺术竞赛和才华展示实践活动。此后,一年一届的校园文化艺术节成为加强学生专业实践能力培养和锻炼的重要平台。

十、重视培养学生职业能力

2002 年,主持与播音专业与湖南三辰卡通公司合作,探索开展岗前实训、顶岗实习的实践性教学,初步实现工学结合。广电新闻专业在教学过程中,安排学生在《三湘都市报》《潇湘晨报》《东方新报》《南方都市报》等报刊担任编辑、记者,在湖南电视台文体频道、长沙电视台政法频道、女性频道等电视媒体担任实习记者。学校组织学生参与了"湖南省大学生篮球精英赛"等大型电视新闻报道和节目制作。在学校自办的《湖南大众传媒职业技术学院学报》《行知》《金融论坛》《传媒天地》等报刊中均有学生参与顶岗实习。学生在顶岗实习中感受了真实的职业环境,培养了职业适应能力。

通过顶岗实习,学生职业能力不断提高。2002 年,在文化部举办的"首届中国青少年艺术推新人选拔大赛"中,学生张婷、赵楠摘得"全国十佳"桂冠,林涛、王辉、李琦、蒋佩玟四名学生分别荣获"广告组"铜奖、"声乐组"铜奖、"广告模特组"铜奖。谭文娟同学荣获全国老年艺术家协会举办的"希望之星"美声唱法银奖;宫庆同学获全省普通话大赛一等奖、全国普通话决赛前十名;游一周同学荣获全国烟酒交易会形象代言人比赛冠军;游一周、周恋、吴慧、叶京京等同学毕业后,分别受聘担任湖南体育频道、湖南教育电视台、广东惠州电视台、广西贺州电视台的节目主持人。

十一、初步开展校外合作与交流

"院台合一、优势互补"将高等职业教育的理论与实践结合起来，对外合作交流日渐增多，学校的社会影响不断扩大。2000年，教育部教育管理信息中心的培训基地在学校正式授牌，为学校在远程教育、信息网络方面提供了合作与发展平台。

为了落实教育部《面向21世纪教育振兴行动计划》中提出的要初步形成现代化基础教育课程框架和课程标准的要求，2001年8月，网络传媒系完成大专教材《信息技术基础》的编写和《初中信息技术》教材第一、三册的出版。11月，完成《初中信息技术》教材第二、四册的编写。12月，协助湖南省教育厅举办全省高职、成人院校学生"计算机网页设计""财经电算会计"技能竞赛。

2002年暑假，受湖南省教育厅委托，学校举办全省高职院校计算机专业教师多媒体课件制作培训班（50名学员，为期1个月）和计算机新教材教学方法研讨班（90名学员，为期3天），得到好评。是年，广电新闻、影视表演两个专业分别与湘潭大学、湖南师范大学实现"专本沟通"，与湖南省广播电视学校、芷江师范学校、衡阳艺术学校、邵阳艺术学校这四所学校联合，探索试行五年制高职三加二分段教学和中高职连读。同年，学校与中央电大和人民银行总行、湖南电大、国防科大联合开办电大及函授本科教育。学校为湖南省出国留学服务中心、湖南省高教培训中心和全国信息技术及应用远程培训基地、中国人民银行党校和其他单位开办了计算机课件、ISO9000内审员、英语新教材、计算机新教材、国库会计核算系统等共6个培训班，参训学员400多人。2002年9月25日，《金融时报》对网络传媒系"银行业与WTO网上学习系统"和"金融网校"网站的开发进行了专题报道。

2001 年 11 月 24—25 日，英国雅思考试长沙考点首次考试在学校举行，来自黑龙江、北京、河南、江西、湖南等地的 109 名考生参加考试。2002 年，7 次雅思考试在学校成功举行，来自全国十几个省、市、自治区的 1400 名考生应考。学校考点的组考工作得到英国驻华大使馆文化委员会官员、外籍考官和广大考生的好评。

2003 年，学校组织毕业生分别参加了湖南佳程大酒店、广州东莞光宝电子有限公司、长沙新华人寿保险有限公司、中国银行湘江支行、招商银行湖南省分行、交通银行湖南省分行、西南航空公司、上海达丰电脑公司、深圳富士康集团等 10 余家用人单位的人才招聘会，并与长沙、湘潭、广州、深圳、上海等地的 30 多家用人单位建立就业渠道。

十二、注册成立后勤服务有限责任公司

2003 年 5 月，学校积极落实国务院关于高校后勤实行社会化服务的指示精神，率先在湖南省工商行政管理局注册成立了具有独立法人资格的“湖南大众传媒后勤服务有限责任公司”，汪建任首任公司经理。学校后勤职工和其他工勤岗位的员工从学校分离成为公司员工，后勤服务公司完全按照企业方式管理和运作，考核严格，奖罚分明。学校与后勤服务公司通过签订经济合同，委托后勤服务公司为学校提供绿化美化、卫生保洁、餐饮超市、安全保卫、物业维修、宿舍管理等后勤服务与安全保障，后勤公司则通过劳务从学校获取经营收入。学校进行后勤社会化改革以及后勤公司运行管理的经验多次在全国和全省高校后勤社会化改革工作会议上交流。2003 年 12 月，后勤服务公司管理的学生公寓 B 栋和学生食堂通过了湖南省教育厅专家组的检查评估，被授予湖南省高校“标准化学生公寓”和“标准化学生食堂”。

十三、完成学校整体搬迁

2002 年 9 月，星沙校区 63000 平方米工程建设计划基本完成，教学楼、实验楼、后勤服务大楼竣工，校区道路和绿化基本成型，星沙校区的基本办学条件初步具备。2002 级新生在星沙校区报到入学，入住原长沙县教师进修学校办公与培训大楼内。10 月 8 日上午，在长沙县开元大剧场隆重举行了学校搬迁星沙校区动员暨 2002 级新生开学典礼。2003 年 3 月 15 日开始，由学校分管后勤产业管理工作的袁维坤副院长任搬迁工作总指挥，产业管理处具体组织协调，学校开始有计划，分步骤地将办学主体从原湖南银行学校校区（南校区）逐步搬迁到星沙新校区（北校区），至 3 月 20 日，搬迁工作基本结束。至此，原湖南银行学校校区内不再安排全日制学生入住学习和生活。9 月 17 日，学校成立南院管理委员会，负责南院各项工作和管理，学校党委副书记姚海涛兼任南院管理委员会主任。

第三节　跨越发展（2003—2006 年）

在三年初创时期，学校发挥"前台后院"办学特色，确定正确的办学方向，不断探索发展之路，各专业的课程体系基本成型，机构设置和教师聘任进展良好，各项工作平稳有序推进。随着学校主体迁入星沙校区，校园环境焕然一新，办学条件明显改善，学校事业获得了广阔的发展空间。此后，学校以迎接全省高职高专人才培养水平评估为契机，加快各类办学设施等"硬件"建设，不断改善教学、科研和生活条件，迅速扩大办学规模，有力推动学校跨越发展。

一、增加投入，加快改善办学条件

学校财务建设处多方筹措办学资金，为学校跨越发展提供资金保障。2003 年，中国建设银行湖南省分行营业部同意向学校发放 5000 万元五年期基本建设贷款，有效缓解学校办学资金压力。2005 年，学校向湖南省建设银行申请的 2000 万元固定资产和 1000 万元流动资金贷款落实到位。学校对外积极申请项目立项和银行贷款，获准成为中西部人才援助项目贷款的受益院校，并获得了 320 万美元的贷款额度。2005 年，学校争取到 150 万元的银行贴息支持，中国建设银行湖南省分行批准学校授信 1 亿元，其中固定贷款 7000 万元，流动贷款 3000 万元。通过诚信教育，催收学生欠费 185 万元。后勤服务公司通过招商引资的方式，引进社会资金 6500 多万元。

办学基础设施建设。这一时期，学校先后完成学生公寓一区 C 栋、学生公寓二区 A 栋到 F 栋、实验楼、图书馆、体育馆、艺术楼以及教师公寓等教学基础和配套设施的建设。其中，体育馆占地面积 20 余亩，共四层，使用面积达到了 10000 平方米，拥有 2624 个固定看台，可容纳 3500 人同时观看比赛。教学训练用房 3000 平方米，可容纳 15 个班同时上课。图书馆占地约 25 亩，建筑面积 15889.22 平方米，其中阅览室面积 4000 平方米。2004 年，引入开发商兴建的教师公寓共 13 栋住宅楼（可容纳 300 多户教职工居住）工程基本完工。学校完成办公楼、培训楼和单身职工宿舍的维修改造，将南院东侧封闭式围墙改造成通透式围墙，对北院办公楼东面进行绿化，校园环境进一步美化。

购置教学仪器设备与图书。2004 年，实习实训场地的专项建设资金达到 700 万元。根据不同的专业特色，新建了非线性编辑、口播、电视接收与播出、网络工程、三维动画等 8 个实验室。同时，添置了相应的教学仪器设备。是年底，图书馆藏书达到 30 万册，收录数字文献资料 400 多万字。2005 年，通过政府采购，学校新购进的教学设备主要有：全套影视设备、计算机 270 台、网络服务器 4 台、交换机和防火墙各 1 台。采购图书 12 万余册，图书馆纸质藏书达到 30 多万册，数字图书馆文献已达到 600 多万篇。

学生基本生活条件进一步改善。学生食堂内的风味餐厅、超市、医务室等相继投入使用，后勤服务质量明显提高。由于绝大多数教职工居住在长沙城区，维护夜间校园稳定成为一项紧迫任务。因此学校坚持实行校领导挂帅、中层干部轮班的每日值班制度，强化校园夜间管理，及时发现和处置各类突发事件。学校组织学生成立护校队，加强校园巡逻，定期组织开展消防知识学习和灭火演练，校园安全保卫工作落到实处。

二、抓住机遇，迅速扩大办学规模

专业数量较快增长。学校专业数从 2003 年的 18 个增加到 2005 年的 28 个。2003 年，学校决定于 2004 年暂停"传媒市场经济学""编辑出版学"两个专业的招生。与此同时，在广泛论证的基础上，学校向湖南省教育厅新申报了"新闻学""动画艺术""财务会计""金融管理与实务""电算会计""物业管理""电子商务"等几个专业。经湖南省高校专业设置委员会审批，委员会正式批准了 6 个专业，使学校专业数量达到 24 个。2005 年，学校再次向湖南省教育厅申报增设"人物形象设计""环境艺术设计""动漫设计与制作""游戏设计与制作"等 4 个专业并顺利通过专家组的评审，学校专业增加至 28 个。

专业教研室逐步建立。2004 年，为适应办学规模的扩大，学校先后设立了 11 个专业教研室，其中电广传媒系设广电新闻、节目制作 2 个教研室；经济与管理系设经济、管理 2 个教研室；影视艺术系设表演导演、形体、音乐 3 个教研室；国际传播系设公共英语、专业英语 2 个教研室；报刊传媒系设语言文学教研室；网络传媒系设计算机课程教研室。

专业建设质量逐步提升。2005 年，学校向湖南省教育厅申报的"电视节目制作""金融管理与实务""影视动画" 3 个教改试点专业，全部被批准为 2005 年省级教学改革试点专业。加上 2002 年获批的"多媒体应用""播音与主持艺术" 2 个教改试点专业，学校的省级教改试点专业达到 5 个，居全省高职院校的前列。

在校学生数稳步增加。逐步建立并完善各类教学、生活设施，为学校扩大招生规模提供了必要条件。随着教学管理日益规范和办学质量的提升，学校办学的社会声誉越来越好，填报学校的考生大量增加。2003 年 6 月，学校成立招生就业工作指导委员会，冯一粟院长任主任。是年，录取新生 2537 人，来校报到学生 2163 人，报到率 85.26%。2004 年，录取新生 3483 人，实际报到 2637 人，报到率 75.71%。2005 年，录取新生 3997 人，实际报到 3380 人，报到率 84.56%。2005 年下学期，全日制在校学生总数达到 8337 人，比 2000 年建校初在校生人数增加近 30 倍。

三、确立教学中心地位，狠抓教学质量

2003 年，学校成立"专业建设咨询委员会"，为学校教学和专业建设出谋划策。学校制定了《关于修订学院各专业教学计划的工作意见》，突出实践教学环节和各专业的办学特色，对 18 个专业教学计划进行修订。积极推进督导评估五项基本建设（包括专业建设、实验室建设、师资队伍建设、图书资料建设和学风建设）。10 月，学校出台《关于规范办学行为的若干规定》，进一步规范办学行为。是年，学校举办

学术讲座29次，其中博导讲座2次，教授讲座7次，专业学术讲座20次。通过举办讲座，开拓了广大教师的学术视野，使校园学术氛围更加浓厚，教师学术水平逐渐提高。

2004年12月，学校隆重召开首次全体教师参加的教学工作大会。大会工作报告总结了建校4年来的教学工作经验和存在的问题与不足。网络传媒系、主持播音系、经济与管理系、国际传播系分别介绍了各具特色的教学工作经验。大会讨论了《关于加强学院教学工作、深化教学改革的意见》《关于加强学院教师队伍建设的规定》《系（部）教学管理目标考核暂行办法》《关于进一步加强学院实验室与实训（实习）基地建设的管理办法》4个文件，提出了今后几年教学工作的目标和任务。会上统一思想认识，一致确立教学工作在全校的中心地位，为学校进一步规范教学管理、深化教育教学改革、提高教学质量打下基础。该会议成为学校教学工作全面走向制度化、规范化、科学化的重要标志。

以就业为导向，进一步加强专业和课程建设。2004年，探索校际、校企合作，开展专业建设。学校与湖南师范大学合作，开设了"计算机科学与技术"专本沟通专业；学校与湖南三辰卡通节目发展有限责任公司进行校企合作，创办了湖南省高职高专院校首个影视动画专业，并于当年正式面向社会招生。多数教学系成立了由专家、学者、企业家等人员共同参与的专业建设指导委员会。根据形势发展的要求，委员会对各专业教学计划进行全面的修订，彻底纠正某些专业培养目标不明确、课程设置存在主观随意性等问题。在原有21个专业的基础上，根据人才市场的需求现状，适时进行专业调整，向湖南省教育厅申报了影视广告、摄影摄像、报刊经营、酒店管理、物流管理、音乐表演、舞蹈表演7个新专业，并接受了省教育厅专家组对新申报专业的评审。2004年，主持与播音系的《播音与主持艺术专业应用能力培养研究实践》

和网络传媒系的《多媒体应用专业教学体系的创新研究与实践》分别获得省级优秀教学成果二等奖和三等奖，填补了建校以来省级优秀教学成果奖的空白，学校给予了1:1的配套资金奖励。

重视师资队伍建设。2003年，教师队伍制度化建设逐步完善，在教师的遴选任用、职务聘任、培养培训、流动调配、考核奖罚、工资待遇、申述仲裁等主要环节上开始向学校依规管理、教师依法执教方向迈进。学校先后制定了《教师培训工作规程》《关于加强教师队伍建设的意见》《外聘教师授课管理办法》等一系列教师队伍建设和管理文件，修订了《引进人才的暂行规定》等规章制度。是年，引进教师（含应届毕业生）22人，其中副高以上职称10名。新招聘辅导员5名，基本实现辅导员队伍专职化。2004年，学校引进各类专业技术人才共85名，其中博士1名，硕士研究生8名，本科生64名；副高职称5人，中级职称10人，初级职称13人。按引进专业分：英语类12人，计算机类8人，中文类3人，新闻类5人，设计动画类4人，管理类2人，艺术类7人，体育类2人，公共课类1人，另有专职辅导员若干人，教学一线师资更加充实。同时，采取有效措施进行内部挖潜与提高。暑假期间，学校对新教师进行了为期两周的封闭式培训，重点学习如何加强师德修养和学校关于教师管理的规章制度，进行严格的教学业务培训，组织试教，试教合格者方能取得讲课资格。鼓励中青年教师自学成才或脱产深造。2004年，有2名教师攻读在职博士，3人脱产攻读硕士，31人攻读在职硕士；10人通过了高级职称的评审，其中正高职称3人，副高职称7人；4人通过中级职称评审。为了加强外聘教师的管理，学校教务处采取问卷调查、外聘教师访谈、召开系（部）负责人座谈会等方式，对全校外聘教师的教学情况进行了全面的专项检查，对于学生反映强烈、授课质量差的外聘教师坚决予以辞退。2005年，学校引进专任教师 30 余人，其中正高职称 1 人，硕士 13 人，具有本科学历的辅导员和专职班主任 17 人。10 月至 11 月，学校对新进校职工开展了岗前职业技能培训；组织开展高校教师资格证考试培训，共有 119 名教职工参加高校教师资格证考试，一次性通过率达到 98.3%；举办两期现代远程教育手段和网上教学师资培训班。暑假期间，学生工作处举办了辅导员培训班。是年，有 28 人参加了攻读在职硕士的入学考试。8 人通过高级职称的评审，其中正高职称 3 人，副高职称 5 人。13 人通过中级职称的评审，59 人获得初级专业技术职务。

与此同时，学校对部分中层干部进行调整，为教学系（部）选配专业能力强、管理水平高的领导班子，教学系（部）的管理得到加强。

加强课堂教学管理和督导。2004 年下学期，学校以文件形式下发《关于加强课堂教学组织工作的通知》，要求全体任课教师自觉加强课堂纪律管理，每堂课坚持对学生严格考勤，及时制止学生在课堂上的各种违规违纪行为，定期检查教师对学生课堂考勤的记录。同时，实行教师考勤与学生考勤并举，并把教师是否抓课堂纪律纳入教师工作质量考评体系中。通过努力，学生到课率明显提高，上课迟到、早退的现象大大减少。2004 年下学期，学校督导室对 95 位外聘兼职教师进行课堂听课，加强教学质量督导。2005 年上学期，学校督导室对学校自有教师（含住校教授）的课堂教学情况开展了较为全面的听课与调研。通过听课，用百分制为讲课者评分，同时参照对任课教师的问卷调查情况，按优秀、良好、合格、基本合格、不合格 5 个档级进行评价。107 位被听课的教师中，评为优秀者 31 人，占被听课教师总数的 29%；良好者 52 人，占 49%；合格者 18 人，占 17%；基本合格者 4 人，占 4%；不合格者 2 人，占 2%。督导室专家及时与任课教师交换意见，提出具体改进建议。同时，将问题突出教师的教学情况向教师所属系（部）进行反映。学校督导室就加强与改进外聘兼职教师的管理及进一步提高课堂教学质量问题，分别向学校提出若干建设性意见，为推动教学质量提高发挥了较好作用。

推进成人教育。2004 年，学校先后出台《成人教育管理办法》《收入管理办法》等规章制度，并根据上级要求，组成检查组，对学校成人教育工作进行全面清理和检查。学校成教部招收各类成教学员 274 人，其中在职研究生班 45 人。受湖南省教育厅委托，开办计算机网络技术和计算机课件两个专业的职成师资培训班，培训教师 85 人。长沙县教师进修学校招收新生 173 人，为长沙县中小学培训师资 2754 人。电大教学中心招收新生 86 人。全年在学校考点举行 IELTS 考试 12 次，参加考试人数达 1650 人，学校被批准成为 IELTS 正式考点。

2005 年，学校与金鹰卡通频道就合作办学达成广泛共识。成教部门在充分调查和论证的基础上，新设立了四川大学湖南大众传媒职业技术学院函授站、西南科技大学网络教育湖南大众传媒职业技术学院学习中心和湖南大众传媒职业技术学院株洲北大星艺术学校函授站、岳阳电视大学函授站。2005 年，学校成人教育在籍学生 1948 人。受湖南省教育厅的委托，学校成教部门为来自全省农村乡镇的 66 名初中计算机教师进行了为期一个月的培训。星沙教师进修学校培训各类教师 601 人次，较好地完成了长沙县赋予的师资培训任务。

四、注重政策激励，调动教师科研积极性

2003 年 12 月，学校成立发展研究中心。2004 年，发展研究中心下设"经济研究所""传媒教育与职业研究所""现代传播研究所""现代远程教育研究所"4 个研究性机构。发展研究中心既是学校下设学术机构与社团的联合体，又是学校的学术窗口和科研协调组织，对学校科

研工作产生了推动作用。学校对原学术委员会成员进行调整，成立了新一届学校学术委员会。2003年，学校进一步完善《科研工作暂行条例》《科研成果奖励暂行办法》等规章制度。是年，学校申报省级课题4项、厅级课题4项，立项院级科研课题17项，参与31项科技部课题研究。教职工发表科研论文155篇（其中核心期刊7篇），有3篇教师学术论文被人大资料复印中心全文复印、转载，1篇论文被"文艺理论文摘卡片"收录，30余篇被选目。出版教材9部。10月，《湖南大众传媒职业技术学院学报》在"全国省属高校、职业学院学报研究会学术研讨暨优秀学报评奖会"上被评为全国优秀学报。2005年，学校对"发展研究中心"35名成员进行资格审核，审查信息进行了网上发布。

2004年，为了进一步规范教职工的科研工作量计算以及科研津贴的发放标准，学校制定并执行了激励和约束并重的新的科研管理制度《学校科研工作量管理实施办法（试行）》。组织开展了学校第一届优秀科研成果及科研工作积极分子、科研先进单位的评选与奖励活动。政策激励促进了广大教师的科研积极性。是年，学校教职工参与全国课题研究1项，获省级课题立项资助2项，获厅级课题立项资助2项，有2项省级课题顺利结题。教职工发表论文146篇（其中核心期刊17篇），被人大复印资料全文转载2篇、索目3篇，另有1篇被EI检索，科研学术水平有了较大的提升。出版教材7本。4项科研成果获得省级奖励，19项成果在省级和全国各类学会获奖。

2005年，学校主动参加课题研究的人数明显增加。教师申报全国艺术类课题1项，申报教育类部级课题2项，申报省级课题6项（3项获批立项），申报厅级课题3项（2项获批立项），另有7项院级课题获准立项。7项科研成果分别获得湖南省职业技术教育学会组织的论文评比一、二、三等奖。教职工发表科研论文数量达到172篇（其中核心期刊26篇）。出版专著3部，出版教材29本。2005年，学校科研管理处荣获"湖南省教育科学科研项目管理先进单位"称号。

五、加强政治建设，完善规章制度体系

2003年，暑假期间（7月10—11日），学校党委举办中层干部学习班。学习班结合实际，深入学习优秀共产党员郑培民同志事迹，要求党员领导干部以身作则，带头学习好、领会好、掌握好、贯彻好党的十六大精神。各党总支组织全体党员认真学习十六大报告和新党章，切实提高党员民主生活会的质量。开展先进党组织和优秀党员的评比活动，评选出先进党总支2个，优秀共产党员21名，优秀党务工作者10名，并于"七一"前夕进行了表彰。在机关干部中开展争做"优秀机关干部"和争创"优秀服务单位"活动。2004年，开展全校普法考试3次，其中党员干部普法考试2次、厅级干部普法考试1次，对提高干部的领导水平有着良好效果。

2004年，学校进一步加强基层党组织建设，充分发挥战斗堡垒作用，建立10个党总支下属的党支部，从而结束了学校成立以来只有党总支而未设党支部的局面。学校统一下发各总支和党支部印章，规范党员会议记录，调整确立了新的党费缴纳标准。4月下旬，湖南省教育厅对学校领导班子建设以及党风廉政建设进行专项检查，学校党建工作得到上级党组织的充分肯定。

开展省级文明单位创建活动。严格对照相关建设标准，加强针对性，强化问题整改，取得实效。2004年6月，学校荣获"长沙市市级花园式单位"称号；2005年，学校荣膺"湖南省文明单位"称号。

加强学校内部和学校与外界的办学信息沟通交流。2004年，学校共编辑《工作简报》9期，包括党委中心组学习专号、年度工作汇总

等。每期简报下发学校各部门，并呈送省教育厅、省高校工委、长沙县委、县政府等 10 多个部门，学校发展情况受到校内外关注。

积极实施依法治校、依规治教。为了加快学校法治化建设，保障学校各项事业的持续、健康、协调发展，学校各职能部门对规章制度进行全面清理，并根据新的形势、新的政策要求进行修订完善和查漏补缺。学校新增和修订 80 多个制度或办法。2003 年出台的制度主要有《关于规范办学行为的若干规定》《教学质量考核管理办法》《高层次人才引进战略实施方案》《实验室建设规划》等。2004 年出台的制度主要有《接待工作管理办法（修订稿）》《安全保卫制度》《产业管理制度》《规范化办公制度》《科研工作量管理实施办法（试行）》《关于加强专职辅导员管理的有关规定（试行）》《师资队伍建设规划》《引进优秀人才的暂行办法》《人事管理制度》《干部管理办法》《收入管理办法（试行）》《商品集中采购规定（试行）》《成人教育管理办法（试行）》《教学工作制度》《财务管理制度》《纪检监察审计制度》《学生奖学金评定办法》《学生违纪处分条例》《班风建设考核办法》《学生走读管理办法》《学生提前离校实习管理办法》《学生勤工助学管理办法》《系（部）学生工作考评办法及考核指标》《毕业生就业工作暂行规定》《毕业生就业考评方案》等。2005 年出台的制度主要有：《学生干事管理办法》《辅导员（班主任）管理办法》《关于调整学工干事、辅导员、班主任岗位津贴的实施办法》《定编、定岗、定员方案（试行）》等。学校将规章制度汇编成册，编印成《治校指南》，学校教育教学管理和其他办学活动逐步纳入规范化、制度化的轨道。

六、建立"双代会"制度，强化民主监督机制

保障教职工行使民主管理、民主决策、民主监督的权利，充分发挥

工作会员代表联系会员群众的纽带和桥梁作用，努力构建和谐校园。学校按照上级相关规定，每年通过定期召开"双代会"（即教职工代表大会、工会会员代表大会），强化职工民主监督机制，把教职工的民主权利落到实处。

2003 年 6 月 3 日，学校举行首届工会成立大会。经投票选举，袁维坤、田凤祥、廖兆晖、杨薇、曾赛红、王津、马定国等几人当选为首届工会委员会委员，袁维坤当选为工会主席，田凤祥任工会副主席。王津、赵山儿、杨薇等三人为工会经费审查委员会委员，王津任主任。是年，学校开始全面推行校务公开制度。

2004 年 5 月 29 日，学校第一届教职工代表大会在学校南校区 19 号楼大会议室召开，63 名正式代表和 30 名列席代表、特邀代表参加大会。大会代表就学校建设和发展的相关问题进行了充分的讨论，提出了诸多意见和建议。

2005 年 5 月 21 日，学校召开第一届第二次教职工代表和工会会员代表大会（即首次"双代会"），参加会议的代表 149 名。会前进行了代表提案征集，大会收到代表提案 23 份。学校工会在"双代会"闭会期间，将收集到的群众意见及时向学校党委、行政汇报、反映，教职工的民主权利得到落实。

学校定期召开"双代会"，审议学校发展规划、决策方案、财务决算以及涉及师生利益的重大事项等，确保广大教职工的知情权、参与权、监督权等各项民主权利。同时，通过代表提案的受理和督办，推进学校工作。

七、教育管理服务三结合，加强校风建设

切实整顿学风、改进教风，树立良好校风。2003 年 11 月 11 日，学

校党委召开"整顿学风,改进教风,树立良好校风"动员大会。一切为了学生,营造良好校风,为学生健康成才服务成为学校共识。坚持以思想教育为先导、以"三风"建设为突破口、以校园文化建设为平台,学生教育和管理工作有序开展。

加强主阵地建设,以思想教育活动为载体,切实把思想政治教育工作落到实处。2003年,学校积极开展以增强"两课"(马克思主义理论课和思想政治教育课)实效性为主题的"两课"教学改革试点。通过举行各具特色的宣传教育活动,组织"两课"教师学习十六大报告,进一步推进"三个代表"重要思想和"进课堂、进教材、进学生头脑"工作。始终把理想信念教育作为德育和思想政治工作的核心内容,充分发挥"两课"主渠道作用。为了贯彻落实中共中央、国务院关于进一步加强和改进大学生思想政治教育工作的指示精神,2004年,学校团委成立"湖南大众传媒职业技术学院团校"。团校每年举办一期,旨在加强团员思想建设。

树品牌,抓示范,全面推动学生"三自"活动的开展。2003年,学校举办入党积极分子培训班两期,培养入党积极分子230人。2004年3月,学生管理工作部门在全校80多名学生党员中开展了"党员示范寝室"创建活动。经过考核和评定,对达到示范要求的27间学生寝室授予示范牌。在"我爱我家"寝室文化设计大赛中,广大学生积极响应,参赛的学生寝室占全校学生寝室总数的90%。通过树立典型,学生自我教育、自我管理、自我服务的意识有所增强,学生寝室的内务卫生状况有较大改观。举办入党积极分子培训班两期,341人参加培训(教师24人、学生317人),336人通过考核顺利结业。严格党员发展程序,严把质量关,注重在学生中培养和发展党员。6月25日,发展新党员87人,年底再发展新党员97人。学生管理部门组织学生成立校

园 "文明督察队"，通过学生自我管理，及时纠正学生日常不良行为。
2004 年，全校共评选出各类获奖学生 859 人，其中国家级奖学金获得
者 9 人，省政府奖学金获得者 51 人，院级一、二、三等奖学金获得者
583 人，单项奖获得者 87 人，优秀学生干部 129 人。评选出先进班集
体 8 个，占全校班级总数的 6％。通过树品牌，抓示范活动，学风校风
出现明显好转。2005 年，学校出台《关于进一步加强校纪校风建设的
若干意见》，建立和完善全方位治理整顿和校系两级齐抓共管体制
机制。

重视学生管理规范化建设。随着学生规模迅速扩大，学生教育管理
出现了许多新情况和新问题。为了规范学生管理工作，学校积极建章立
制，确保学生管理各项工作有章可循，严格按制度和程序办事。2003
年到 2005 年，学校先后制定和修订《学生奖学金评定办法》《学生违
纪处分条例》《班风建设考核办法》《学生走读管理办法》《学生勤工
助学管理办法》《系（部）学生工作考评办法及考核指标》等多项规章
制度。2005 年，开始执行 "三个按时" 和课堂 "十不准" 规定，定期
对学生上课迟到、旷课情况进行抽查和通报，成立学生参加的学生公寓
管理委员会，建立学生上课期间无故在宿舍里逗留，熄灯就寝后晚归情
况的通报制度。

完善以 "奖、助、减" 为主的学生资助体系，充分运用奖惩机制。
2003 年，学校制定并执行《关于收取学杂费的若干规定》，通过开展诚
信教育和细致的摸排工作，有效制止学生的恶意欠费行为。学生欠费率
由上年的 23％下降到 13％。为帮助特困学生缓解生活困难，从 2003 年
起，学校开始为贫困学生设立勤工助学岗位，为学生提供勤工助学岗位
63 个。2004 年，学生勤工助学岗位增加到 114 个，为学生发放各类奖
金 54 万余元。同时，学校减免了部分家庭贫困学生的学杂费和住宿费。

当年，学生中有 266 人次受到不同等次的纪律处分。2005 年，学校开展奖学金评定工作 2 次，1203 人获奖，共发放奖学金 74.6 万元。评选出院级先进班集体 8 个，厅级优秀班集体 2 个。近 200 人次受到纪律处分。

开展素质教育拓展活动，组织学生积极投身社会实践。2004 年，国际传播系组织学生到湘乡市部分中学进行英语教学，帮助当地学校的师生提高英语水平。主持与播音系师生深入湘西自治州希望小学进行调研和普通话教学。电广传媒系师生积极向安化县灾区群众捐款献爱心。2005 年，学校全面实施"灵魂塑造工程""素质培养工程""文化育人工程""实践锤炼工程"，提高学生综合素质，促进学生成才。通过举办安全纪律教育月活动、心理健康教育大型宣传活动、诚信教育月活动等，强化学生的纪律意识、心理健康意识和诚信意识。

以校园文化建设为平台，努力营造和谐进取、积极创新的校园氛围。从 2003 年起，学校学生工作处（团委）每年都精心组织、举办持续一个多月的"校园文化艺术节"。校园文化艺术节以各系（院）为主，根据专业特点分别承办不同类型的文化展示与艺术竞赛活动，如电广传媒系承办的"DV 作品大赛""记者风采大赛"，影视艺术系承办的"十佳校园歌手大赛""主持人大赛""朗诵艺术节"，网络传媒系承办的"网络传媒文化竞赛"，公共课部承办的"健美操比赛""心理健康活动月"，动漫艺术系承办的"动漫与艺术设计长廊及品艺汇"，国际传播系承办的"英文歌曲对唱大赛"等。各专业学生结合本专业实际，积极开展丰富多彩、专业特色强的艺术竞赛和技能展示活动，把艺术展演与专业实践很好地结合起来，学生主动参与活动的热情不断高涨，乐于在各类文化娱乐竞赛中表现自我、展现自身价值。经过每年一次的实践与磨炼，"校园文化艺术节"已经成为学校校园文化建设的优秀品牌。2004年,学校开展了"读一本书,长一分才"的主题征文活动,建成"校园文化长廊"(板报)。组建学生礼仪模特队、舞蹈队,充分展现传媒学子的风采。

八、创先争优,开展共产党员先进性教育

2005年7月16日,学校启动保持共产党员先进性教育活动。在省委第八督导组的精心指导下,经过学习动员、分析评议、整改提高三个阶段,全体党员在教育活动中创先争优,注重发挥共产党员的先锋模范作用,教育活动取得实效。在学习动员阶段(7月16日—9月14日),广大党员紧紧抓住10个环节展开学习,历时60天,参学率达到100%,自学时间不少于40小时。全体党员认真做好学习笔记,撰写个人学习心得体会271篇,共计80余万字。在分析评议阶段(9月14日—11月1日),全体党员紧紧抓住4个环节,突出"6个字"工作要求,即征求党员和群众意见,突出"广"字;开展谈心活动,突出"全"字;撰写党性分析材料,突出"严"字;开好专题组织生活会和民主生活会,突出"真"字;拟定评议意见,突出"透"字;做好评议意见的反馈和通报,突出"实"字。在整改提高阶段(11月1日—12月30日),学校分别制订学校党委整改工作方案、各总支(支部)整改工作方案以及党员个人整改措施。学校党委整改方案中共有35条具体整改内容,均逐一整改到位。各基层党组织以及党员个人对照整改方案,全面落实整改措施。12月27日,学校召开会议,党委副书记、院长冯一粟代表党委向全体党员和部分教职工代表通报了学校整改工作进展情况。12月28日,在省委第八督导组的主持下,督导组对学校党员先进性教育活动进行了群众满意度测评,319人参加测评,群众满意和基本满意率达到97.45%。2005年12月上旬,省委高校工委对学校近5年来

的党建工作进行评估，学校党建工作获得评估专家组好评。

九、鼓励学生参赛和开展社会服务，扩大学校影响力

学校重视开门办学，鼓励学生积极参加各类专业竞赛和为社会服务的活动，借此检验学校人才培养工作质量，不断扩大学校的社会影响力。2003 年，在湖南省大学生运动会上，学校男子篮球队获得专科组第二名，健美操单人操获专科组第二名、三人操获专科组第三名、健美操获专科组团体第三名，六人操获第四名，并获得了单人操优秀编排奖、六人操优秀编排奖。学校体育代表团荣获"优秀体育代表团"称号。是年，学校组织学生参加全国第七届旅游节开幕式活动。主持与播音系的学生参加了第五届城市运动会开幕式的大型文艺节目《雨丝》的表演。在长沙县射箭赛区，为比赛服务的学校青年志愿者服务队受到长沙县领导的好评。在第五届城市运动会岳阳区电视形象大使大赛上，赵嘉怡同学荣获岳阳形象大使季军。影视表演专业 0201 班学生任淼在湖南省 2003 年"飘影"星姐选举总决赛上摘得"最具人气奖"。在"伊利优酸乳"杯湖南省第二届电视表演新秀大赛上，影视表演专业叶茜同学荣获表演组"季军"，刘震、赵婷同学获得表演组"十佳"，周新科同学获得声乐组"十佳"，张聪同学获得表演组"十优"。

2004 年，学校鼓励学生积极主动地与校外公司、企业联系，为"校园文化艺术节"争取社会的支持和赞助。学校坚持学生"自我策划、自我组织、自我导演、自我主持"的原则，为学生提供社会实践大舞台。学校团委精心组织学生利用暑假开展了大学生社会实践"三下乡"活动。学校青年志愿者协会与长沙市新一佳超市联合举办送温暖活动，为长沙县部分贫困农民家庭送去生活日用品。

2005 年，学校动漫艺术系师生创办动画杂志《漫漫策》，承办 2005

年长沙卡通艺术节原创动画作品展，参与《小学语文》多媒体软件"全文朗读"动画的制作和《百家姓》7集短片flash动画的制作。12月，学校参与制作的动画电影《风筝手》荣获"北京电影学院动画学院奖"。学校与湖南金鹰卡通卫视联合，成功举办2006年湖南省动画春节晚会。

2006年，学校应用美术系学生在湖南省首届艺术设计技能竞赛中，获得团体总分第一名，5位同学获得单项奖。网络传媒系学生代表队在"湖南地区首届NIIT学生软件设计大赛"中获得三等奖，6位同学在NIIT软件知识竞赛中分别获得二等奖和三等奖。11月，在湖南省首届艺术设计技能竞赛中，动漫艺术系学生获得团体总分第一名，另获5个单项奖。12月，在湖南省秘书职业技能竞赛中，学校文秘专业学生张采雅荣获最佳口才奖。国际传播系组织学生参加2006年湖南省高职学校学生英语比赛，英语专业组获二等奖，非英语专业组获三等奖。经济与管理系学生在湖南省第二届大学生"挑战杯"创业计划书大赛中，两件参赛作品双双获得铜奖。主持播音系学生的一篇新闻稿件，荣获2005年度"中国交通广播新闻一等奖"（政府奖）和"湖南广播电视新闻一等奖"（省政府奖）。在湖南省第八届大学生运动会上，学校代表队获得专科男子组跳高第一名，实现了学校在全省大学生运动会田径项目金牌上零的突破；获得女子健美操单人操第一名和男子篮球专科组第五名；学校获得"体育道德风尚奖"。

十、加强指导与服务，提高毕业生就业率

2003年，学校首届高职学生285人毕业，初次就业率达到95.4%。2004年，学校制定《就业指导》课程教学大纲，将就业指导课纳入学生公共必修课。通过优选教材，使课程教学加入教育部就业指导卫星教

学系统，学生因此获得就业指导优质教学资源。学校进一步拓宽毕业生就业渠道，学校与全国近 200 家企事业单位建立联系，向其中 100 余家单位输送了毕业生，并与其中 10 余家单位达成了毕业生供需长期协议。是年，湖南经济电视台、影视频道、金鹰卡通频道、长沙政法频道、女性频道、移动电视、郴州永兴电视台、桂阳电视台、江西萍乡电视台、广东云浮电视台等单位纷纷派人来校挑选毕业生。

2004 年下学期，在校学生人数达到 6296 人，提前一年实现学校"一五"计划提出的办学规模达到 6000 人的目标。2004 届毕业生 854 名，比 2003 年增加近 3 倍。在毕业人数成倍增加、社会就业形势日趋严峻的情况下，学校通过制定和实施《毕业生就业工作暂行规定》《教学系毕业生就业考评方案》，推行各系毕业生就业进展情况定期通报制度，编印《就业工作手册》《就业推荐表》《就业协议书》，加强就业信息的收集和发布，对就业指导与服务工作提出具体要求等措施，进一步完善了毕业生就业推荐工作程序，建立校系毕业生就业工作专兼职队伍，调动教学系狠抓毕业生就业工作的积极性和主动性，校系联动的毕业生就业工作运行机制逐步形成，毕业生初次就业率达到 74.3%。

2005 年，学校应届毕业生 1677 名，比 2004 年增加近一倍。学校加强就业形势宣讲，重点加强毕业生就业观念教育，鼓励毕业生认清形势，正确认识自我，勇于到基层单位就业、到艰苦岗位就业。同时，加大毕业生就业推荐工作力度，学校就业指导中心和各系加强就业信息收集，拓宽就业渠道，积极举办校园人才招聘会，激发毕业生就业热情，毕业生初次就业率达到 88.7%。

十一、务实进取，迎接人才培养工作水平评估

2004 年 3 月 15 日，学校党委召开扩大会议，专题研究迎接全省高

职高专人才培养工作水平评估工作。党委决定，学校将在 2005 年向湖南省教育厅提出人才培养工作水平评估申报。会议确定了迎评工作的五大基本建设内容，即加强专业建设、实验室与实习实践基地及图书资料建设、师资队伍建设、制度建设和校风教风学风建设。

9 月 10 日，学校召开全校教职工参加的迎评工作动员大会。冯一粟院长做题为"以就业为导向，以评估为契机，全面提高我院人才培养工作水平"报告，明确提出做好迎评工作是学校工作的重中之重，并对做好迎评工作进行了全面部署，号召全校教职员工以昂扬向上、奋勇拼搏的精神，抓住机遇，迎接挑战，以就业为导向，以评估为契机，全面提高学校人才培养工作水平，为学校的改革发展提供新的起点，构建新的平台，开创新的局面。

成立"迎评"工作专职机构。2004 年 3 月，学校设立"迎评"工作领导小组以及两个专职工作机构——"评估办"和"督导室"。学校迎评工作领导小组成员坚持深入一线，充分调查研究，科学决策，周密部署。各系（部）以专业建设为重点，扎实推进教育教学改革。机关处室和后勤部门全力配合，做好管理和服务。各专项工作组分工明确，协调工作。在迎评工作的各个阶段，做到有计划、有步骤，注重工作实效，对每个环节加强督导、检查。采取有效措施，切实加强人才培养工作薄弱环节的整改，努力提高人才培养工作水平。

科学制订迎评工作方案。一方面，在充分调查研究的基础上，学校组织力量科学制订切合学校实际的迎评工作方案；另一方面，学校组织中层干部到兄弟院校学习迎评工作经验。举办中层干部迎评学习班，使中层干部充分认识到评估的重要性和紧迫感，学习领悟评估的基本程序和具体操作方法。以评促建，评建结合，"软件"和"硬件"建设并重，行政管理与政治思想工作同步，加强人才培养工作的支撑和保障体系检查，不断总结工作成绩，提炼学校建设发展的特色，全面提高人才培养质量。

分解指标，落实工作责任。2004 年，学校制定《评估指标佐证材料目录及分工情况一览表》，将各项评估材料准备工作落实到各个部门、各个负责人，并以学校文件的形式下发各单位各部门，"迎评"工作重点明确、有章可循。学校与各单位、各部门负责人签订《迎接人才培养工作水平评估目标管理责任书》，明确学校与校属各单位、各部门的"迎评"责任，确保各项建设任务落到实处。

加强评估工作督导。评估办和督导室对学校各处室、各系（部）的迎评工作状况进行动态跟踪和全面督导，对 9 个系 26 个专业的专业分析工作进行检查，先后撰写《学校迎评工作现状的调研及今后继续搞好迎评工作的建议》《学校专业分析工作的调研及下一步迎评工作的若干建议》等材料。邀请兄弟院校专家来校，对迎评工作进行具体指导。为了实现学校提出的"保良争优"目标，暑假期间，许多教师战高温、斗酷暑，在修订规章制度、教学计划、教学大纲、编写实训实验指导书以及专业分析方面，做了大量扎实工作，取得了明显进展。

重视修订教学计划。教学计划是培养人才、组织教学的纲领性文件，学校切实抓好教学计划修订。2004 年寒假和 2005 年暑假期间，教务处组织各系领导和各专业负责人加班加点，经过 10 余次反复修订，将学校 24 个三年制大专教学计划、7 个五年制专科教学计划、3 个三年制专科（合作办学）教学计划、6 个三年制中专教学计划修订完毕。定稿后经过学校专业建设委员会审查，学校领导批准编印成册，开始在 2005 级学生中实施。

启动精品课程建设。课程是专业建设的细胞，是提高教学质量的着力点。2005 年 10 月开始，学校正式启动精品课程建设。出台《院级精品课程管理暂行条例》，统一规范对院级精品课程立项、建设、项目管理等方面的工作。规范课程名称，下发《专业定位及课程归属表》，明确各系（部）课程的归属，过去课程名称不一致、课程归属不明确、课程管理互相扯皮的乱象得到有效解决，为教研室建设、课程建设以及专业师资队伍建设提供了依据。在此基础上，制定《学校精品课程评审指标体系》，印发《院级精品课程申报表》，各系（部）积极申报学校精品课程，截至 12 月底，共有 6 个系申报 13 门精品课程。

修订课程教学大纲和实习实训大纲。2005 年，7 个系和公共课部重新编写 230 门课程的《教学大纲》，7 个系为 82 门课程编写《实习实训大纲》。学校将《教学大纲》和《实习实训大纲》编印成册，下发执行，有力推动了教学工作的规范化。

继续完善专业布局。为了突出传媒特色专业，铸造学校专业品牌，2005 年，在着力建设原有 26 个专业的同时，根据社会经济发展需要和学校专业发展规划，学校向湖南省教育厅申报增设人物形象设计、环境艺术设计、动漫设计与制作、游戏设计与制作 4 个专业。其中，游戏设计与制作专业为教育部高职高专目录外专业。为了迎接湖南省教育厅专业设置评审组专家来校检查评审，学校组织相关系（部）制作多媒体课件，开展预演。学校向湖南省教育厅申报增设的人物形象设计等招生专业均顺利通过专家组的评审，学校专业布局进一步完善。

积极开展学术讲座与交流。2004 年，学校先后邀请 30 多位国内知名专家、学者来校举行学科前沿动态、科研动态及课题申报方法等专题学术报告会。2005 年，出台《学术讲座管理办法（试行）》，进一步规范学术讲座活动。是年，共举办学术讲座 42 场，CCTV《挑战主持人》栏目制片人马东、全国著名电视编导龙丹妮、中国卡通产业论坛秘书长付铁铮等多位业内名人来校讲座，收到良好效果。2005 年，学校派出多名教师分别参加"湖南省广播电视研究会""湖南省外国经济学说研究会""湖南省市场学会""湖南省播音与主持艺术教育专业理事会"等学术会议，校园学术氛围日渐浓厚。

推动教研室管理走向规范。教研室是教学管理体制中的基层组织，是教学研究和管理工作的具体承担者，教研室建设直接关系到专业发展和学校的整体办学水平。2004 年到 2005 年，学校先后出台《教研室工作管理办法（试行）》《优秀教研室评选细则》《优秀教研室主任（负责人）评选细则》等制度，着力对教研室工作进行规范管理。同时，对各教研室人员进行摸底，为全校 39 个教研室配齐负责人。2005 年上半年，教务处、组织人事处、督导室联合，分成两个检查小组对教研室工作进行为期一周的督导检查，督促教研室进行规范化整改，教研室建设开始逐步走上正轨。

促进教研教改进一步深入。2005 年，学校出台《教研教改项目管理办法》，教师对开展教育教学研究的热情进一步高涨。教务处组织 2005 年院级教学研究项目的申报和评审工作，教师共申报教研教改项目 11 项。经学校教学工作委员会专家评审、公示后，确定其中 9 项为 2005 年度教学改革研究立项课题（重点课题 2 项、一般课题 7 项），学校为各项目配套了研究经费。

强化教师教学过程的考核。2004 年，学校出台《系（部）教学管理目标考核暂行办法》《日常教学管理制度》《教学事故认定及处理办法》等一系列教学管理文件，强化教学过程管理与责任追究。学校按照高等学校的教学标准，从教学过程的主要环节入手，对备课、上课、课后辅导、作业批改等多方面提出相应的具体要求，由系（部）监督执行。每学期，教务处进行三次教学常规检查，促使课堂教学行为逐步规范。是年底，学校对系（部）教学管理和教师的教学情况开展认真考评，结合教师的师德表现、教学过程的主要环节，采取同行互评、学生测评等方式，对每一位教师的教学情况进行综合评价。这些措施有力地推动了教学质量的提高。2004年，学校为各部门安装了教务管理软件系统，教学系（部）工作逐步走上信息化管理的快车道。

规范各类组考工作。2005年，按照预定的工作计划，学校教务部门通过制订周密细致的组考方案，对命题制卷、考试实施、阅卷评分、成绩分析、信息收集等进行严格把关，形成一整套有效的管理机制，组考工作井然有序。

开展教学管理工作检查。2005年下学期，为了更好地掌握各系（部）教学管理的真实情况，由学校领导、督导室专家、教务处领导及特聘专家组成教学管理工作期中检查团，严格对照办学水平评估的要求，首次对各教学系（部）及实训中心进行为期一周的期中教学管理工作检查。通过听取汇报、听课、查阅资料、召开教师和学生座谈会等方式，对各系（部）的教学管理情况做了深入了解，并集中进行信息反馈。在充分肯定成绩的同时，有针对性地指出存在的问题，帮助教学部门加强问题整改。

组织第二届多媒体课件制作与课堂教学比赛。200多名教师参加系（部）初赛，30人进入学校决赛，最后评选出一等奖2名、二等奖4名、三等奖7名。国际传播系王涛老师的"英语视听说"多媒体课件分别获得"第五届全国多媒体课件大赛"优秀奖、湖南省高等学校第五届"青果软件杯"多媒体教育软件大奖赛三等奖。

明确规范毕业设计（论文）要求。2005年，学校教务处规定文科类专业采用毕业论文形式，理工类专业采用毕业设计加设计报告形式，艺术类专业采用毕业作品加作品说明或小论文形式，由毕业生提交毕业设计（论文）。同时，对毕业设计（论文）的目的、选题、指导、格式、答辩程序、组织管理、质量检查等做出明确规定，进行统一规范，学生毕业设计（论文）质量明显提高。

制定毕业证发放的基本原则和程序。各部门严格把好学业成绩关，认真审核毕业生的毕业资格，严格按照程序办事，不徇私情，毕业证发放工作日益规范化、程序化。积极做好专升本工作，为学生进一步学习深造提供帮助。2004 年 11 月，教务处印发专升本工作相关文件，详细向学生宣讲"专升本"的内容、意义及操作程序。经多方联系，确定湖南农业大学和衡阳师范学院作为学校 2005 届毕业生"专升本"对口高校，学校共有 68 名学生报考，其中 30 多人被两校录取。

全面推进其他建设。2004 年，学校完成校内配电间和实验楼、教学楼和学生公寓一区室外电缆敷设工程，确保学校电力使用与管理正常化。建成学校第一个地下环保型垃圾站。2005 年，建筑总面积 4 万多平方米的学校"二馆一楼"（体育馆、图书馆、艺术楼）先后顺利竣工并投入使用。与之配套的绿化工程、道路工程，艺术楼大厅、声学装修工程、图书馆护坡工程、学术报告厅的设计装修工程等如期完成。根据实验实训大纲的要求，学校完成教学楼 C 栋多媒体教室改造，新增 17 个多媒体教室，增加了动画系、美术系实训设备配置。后勤服务公司从 2005 年 2 月起开始着力进行学生公寓一区 A 栋、C 栋的标准化创建工作。9 月，经全省高校后勤社会化改革领导小组派专家组检查验收，学校学生公寓 A 栋和 C 栋被湖南省教育厅正式授牌为"全省标准化学生公寓"。11 月，学校接受全省高校后勤社会化改革工作检查评估，专家组认为，学校后勤社会化改革的模式和管理经验值得借鉴和推广。12 月，湖南省教育厅专家评估组来校，对学校体育工作和健康教育工作进行评估，学校体育工作获得"优秀"，健康教育工作获得"良好"。

2005 年 9 月，湖南省广播电视学校完成整体并入学校的工作。学校开始实行由湖南省教育厅、湖南省广播电视局、湖南广电集团三家共建，湖南省教育厅主管的管理体制。实行这一体制有利于充分发挥厅、局、集团的政策优势和资源优势，有利于有效整合湖南传媒教育资源，创建传媒教育品牌，有利于巩固"广电湘军"在国内的引领地位，为传媒产业提供可持续发展的人才支持。学校拥有明显的行业优势和产业依托，办学优势得到进一步增强。

2006年6月7日至10日，湖南省教育厅专家组进驻学校，对学校人才培养工作水平进行全面评估。10日下午，在评估专家组召开的评估意见反馈会上，专家组认为，学校高度重视、认真开展评建工作，推动学校改革和发展取得了显著成效。针对专家组指出学校存在的问题与不足，学校分别召开党委会议、院长办公会和中层干部会议，制订切实可行的整改方案，认真进行整改。7月，湖南省教育厅下发《关于湖南大众传媒职业技术学院、娄底职业技术学院人才培养工作水平评估结论的通报》（湘教通〔2006〕162号），认为湖南大众传媒职业技术学院坚持"以评促建、以评促改、以评促管、评建结合、重在建设"的评估方针，办学指导思想明确，党政领导班子精诚团结，积极探索"前台后院"办学模式，建立并逐步拓展学校与媒体紧密的合作关系，深化传媒与教育相结合的内容，形成了"以人为本、质量立校、创新兴校"的办学思路，通过评建工作，学校的各项改革和发展取得显著成绩，人才培养工作整体处于优秀水平。经湖南省教育厅审查，认定学校人才培养工作水平为优秀。

2006年9月8日，学校在教学楼阶梯教室隆重举行庆祝第二十二个教师节暨"迎评创优"工作总结表彰大会，对优秀教师、先进工作者、"迎评创优"工作先进集体和个人进行表彰，标志着学校"迎评"工作取得圆满成功。会上，学校党委提出了新的工作目标与改革措施。

第四节　内涵建设（2006—2013 年）

2005 年 10 月，学校全日制在校学生达到 8300 多人。2006 年 9 月，在全省高职高专人才培养工作水平评估中获得优秀后，学校审时度势，确立了稳定办学规模，苦练内功，注重内涵建设，努力提升办学质量，全力争创省级和国家级重点高职学院的新战略。在内涵建设阶段，学校紧紧抓住历史发展机遇，全面落实科学发展观，以加快发展为主题，以内涵建设为重点，积极作为，先后以创建省级示范性高职学院、国家示范性高职学院和国家骨干高职学院以及争创湖南省卓越高职学院为目标。在稳定办学规模的基础上，深化各项改革，规范内部管理，着力提高办学水平和办学效益，一步一个台阶向前发展，学校事业取得长足进步。

一、着力夯实发展基础

2006 年是学校取得丰硕办学成果之年。学校被评为"湖南省职业教育先进单位"，被长沙市人民政府授牌成为"湖南国家动漫游戏产业振兴基地人才培养与研发中心"，学校团委被评为湖南省教育厅机关直属单位"共青团组织建设先进单位"和"先进团委"。学校被教育部、财政部批准成为全国计算机专业实训基地之一。五年制高职部以学校中职教育基地的身份参加全国优秀职业教育学校的评选，被中国教育联合会授予"全国最具影响力职业学校"称号。学校领导班子保持清醒头脑，明确提出学校进一步加快发展，必须努力夯实发展基础。

学校第一次党代会召开。2006 年 11 月 19 日，学校第一次党员大会召开。大会全面总结学校"一五"建设成就,特别是人才培养工作水平评估达优的成果和经验,科学规划学校"二五"发展蓝图,明确提出注重内涵建设,创建高水平示范性高职院校的战略新目标。大会审议通过学校党委工作报告和纪委工作报告,通过无记名投票,大会选举产生了学校第一届党委委员、纪委委员。方林佑、冯一粟、姚海涛、杨为民、袁维坤、李靖、汪建等几位同志当选为学校第一届党委委员。姚海涛、王津、邓浪平、向思贵、童谦益、杨薇、周向明7名同志当选为学校第一届纪委委员。在学校党委第一届一次会议上,方林佑当选为学校党委书记,冯一粟、姚海涛当选为学校党委副书记。在学校纪委第一届一次会议上,姚海涛当选为学校纪委书记,王津、邓浪平当选为学校纪委副书记。

深入开展学习实践科学发展观教育活动。2009年3月至9月,在湖南省委第九检查指导小组和省委高校工委的精心指导下,学校以"坚持科学发展,提升发展内涵,建设高水平特色学校"为主题,紧紧围绕"党员干部受教育、人民群众得实惠、科学发展上水平"的总体要求,联系学校实际,精心组织,扎实推进,深入开展学习实践科学发展观活动。全校447名党员、26个基层党组织在学习活动中,共撰写学习心得体会400余篇,组织专题调研活动25次,完成调研报告18篇,召开专题辅导报告会10次,民主生活会27次,征集群众意见420余条,组织群众评议3次。在此基础上,形成学校检查分析报告,制订25个项目的整改方案,并严格按照预定期限实施整改。学习实践活动的开展,有力地促进了学校各项工作全面、协调、可持续发展,特别是在队伍建设和机制建设方面取得明显成效,在群众满意度测评中满意度达96.7%。

加强学习型团队建设。2007年,学校党委出台《关于加强学习型团队建设的决定》（湘传媒党〔2007〕7号），力促全校形成主动学习热潮。2010年，在中共中央、湖南省委部署开展创先争优和建设学习型党组织的活动后，学校党委将学习型党组织建设与创先争优活动结合起来，确立了进一步提高学校各级党组织的学习力、创新力和战斗力的总体目标，明确了三大具体建设任务，即建成开放和谐、充满活力的国家骨干高职学院的共同愿景，凝聚力强、战斗力强、自我发展能力强的"高能团队"，善于不断学习、保持良好沟通合作、鼓励创新的学习机制，制定并实施《关于深入开展创先争优活动、推进学习型党组织建设实施方案》。4月，学校出台《关于"学习型团队活动日"实施意见》，将全校教职工按照专业类别和岗位性质，划分成若干团队，确定每周二下午为学习活动日，开展政治理论、专业建设、学术探讨等方面的学习。

改进党委中心组学习。2011年，学校修订《党委中心组学习制度》，要求做到中心组学习年度有计划、学习有专题、发言有提纲、成果有心得笔记，确保理论学习制度化、规范化、实效化。党委召开2次务虚会议，方林佑书记、姚海涛副书记分别做关于学习贯彻十七届六中全会精神和高职教育理论的中心发言，党委领导班子成员全部撰写理论学习心得。在推进学习型党组织建设中，学校先后开展"十二五"规划、全国教育工作会议精神、文化体制改革、现代高职教育体系、向叶志平同志学习等系列专题学习活动。学校为党委中心组成员、全体中层干部购买《朱镕基讲话实录》等学习书籍，组织编印逾50万字的《"十二五"规划学习资料》《文化建设学习资料》，下发全校党员干部。各总支和党员均制订学习计划，党员认真撰写读书笔记和心得体会，开展读书交流活动。坚持每两周一次的团队集中学习，全校逐步形成自主学习的热潮。通过坚持开展学习教育活动，引导教职工统一思想认识，把力量凝聚到事业发展上来。

加强党员培养。2006 年，学校举办第八期入党积极分子培训班，178 名学员结业，其中教职工 21 人、学生 157 人。吸收新党员 106 人，预备党员按时转正 76 人。学校纪委组织相关部门完成了艺术馆、图书馆、体育馆建安工程内部审计和对中国传媒大学函授站与原湖南省广播电视学校培训部的财务收支审计，加强了基建项目招标和学校物资采购的全程廉政监督。学校党委组织全体校领导、纪委委员、中层干部观看廉政警示教育纪录片。2009 年，学校举办 294 名学员参加入党积极分子培训班，发展新党员 314 人，85 名预备党员按期转正。2011 年，举办两期入党积极分子培训班，共培训学员 583 人，其中教职工 12 人、学生 564 人、新疆班学员 7 人；发展新党员 480 人，其中教职工党员 11 人、学生党员 469 人。

强化党的组织建设。学校严格按照《党政领导干部选拔任用工作条例》的规定进行干部选拔任用，注重"疏通三条渠道"，即组织监督与群众监督并重的渠道，广泛倾听群众意见与组织人事、纪检部门动态考察干部并重的渠道，干部队伍建设、师资队伍建设、职工队伍建设良性互动的渠道。2008 年，学校严格依照程序，对 25 名拟提拔干部进行任前考察，对 51 名干部（中层干部 31 名、一般干部 20 名）进行调整。2009 年，学校举办以"学习科学发展观，努力提高管理水平"为主题的全校中层干部培训班，选送 4 名中层干部参加湖南省教育工委党校举办的处级干部进修班，提高干部理论水平、政策水平和执行能力。2011 年，学校根据工作需要，调整中层干部 21 人，其中 7 人因年龄达线退出领导岗位，一批年富力强的中青年骨干走上管理岗位。实行部分职位竞聘选拔，通过竞聘方式选拔 3 名部门助理。通过民主推荐、民主测评的方式，完成 2 名正处级非领导干部（副院级督导）、2 名院长助理的推荐选拔工作。增补调整党总支 11 个、党支部 26 个，并成立第九总支新疆学员班党支部。2012 年，学校开展基层组织建设年活动，对学校各类人员的比例、状况以及个人基本信息进行摸底核查，制订学校岗位设置实施方案和首次人员聘用实施方案，顺利完成岗位设置与人员聘用的审批。7 月，全员清理上编工作结束。

完善管理制度体系。2008 年，学校成立规章制度修订工作小组，对学校历年来的规章制度进行全面整理、补充和完善。通过制定《规章制度修订方案》，统一规范制度的废、改、立工作。2009 年，修订制度 55 项，结合学校发展需要，出台学校《教职工继续教育管理办法》《实行问责制的若干规定（试行）》等一系列新制度。2010 年，学校出台《实行党委领导下的院长负责制实施细则》等制度，完成"教学科研与社会服务"管理制度的全面修订。此后，学校规章制度按综合卷、教学科研卷、学生管理卷、重要文件卷四大类，分成三卷编印下发。2011 年，出台《"三重一大"实施细则》，集体领导、集体议事决策的工作制度进一步完善。

加强纪检监察工作。2007 年年初，学校纪委召开专题会议，进行党风廉政建设工作部署。建立纪委委员联系部门工作制度，强化落实党风廉政建设责任制，并对纪检监察干部队伍自身建设提出具体要求，配套制定一系列管理监督措施。学校制定《建立健全惩治和预防腐败体系 2008—2012 年五年工作规划》。2010 年初，制定《领导班子成员2010 年党风廉政建设职责》，根据湖南省纪委关于《开展"5+X"反腐倡廉制度执行情况专项检查活动方案》，及时制订学校专项检查工作方案，进行责任分解，各级干部认真开展自查自纠。2011 年起，领导干部每年签订党风廉政建设责任书，将党风廉政建设的考核纳入学校目标绩效管理考核体系中。纪检部门全程监督物资采购、基建维修、各类招生考试、科研经费管理，全面开展"小金库"清理整治工作，组织党员干部观看廉政警示教育纪录片。2012 年 6 月，学校承办由中共湖南省纪委和湖南省教育纪工委联合主办的"廉政话剧进高校"系列演出活动的启动仪式暨首演式。

二、重视人才队伍建设

优化教师队伍结构。积极引进和培养人才，教师专业结构和职称结构得到改善。2006 年，学校先后组织人才招聘试讲 100 余人次，引进专业技术人员 62 名，其中专任教师 37 名，政治辅导员 20 名，并对新进教师进行了业务培训。24 人通过高级职称的评审或转评，其中正高职称 1 人、副高职称 23 人。15 人通过中级职称的评审，38 人获得初级专业技术职务。

2007 年，学校引进人才 25 人。15 人通过高级职称的评审，其中正高职称 4 人、副高职称 11 人。35 人通过高教系列中级职称的评审。

2008 年，学校引进教师 25 人，其中专任教师 21 人，辅导员 4 人。引进教师中双师型教师 6 人，硕士研究生 13 人。在严格考评教风基础上，解聘不合格教师 1 人。106 名教职工通过了专业技术职称的评审，其中正高职称 3 人、副高职称 10 人，60 人通过了中级职称的评审，33 人获得初级专业技术职务。

2009 年，学校引进各类专业技术人员 23 名，其中博士研究生 1 人，硕士研究生 11 人，高级职称和"双师型"教师 6 人。12 人通过高级职称评审，其中正高职称 1 人、副高职称 11 人。

2010 年，学校有 5 人通过正高专业技术职务评审。通过公开招聘，录用专业技术人员 35 名，其中专任教师 20 人，实训指导师 4 人，政治辅导员 11 人。10 月，举办为期 12 天的新职工培训班。

召开首次人才工作大会。2012 年 9 月，学校在第二十八个教师节之际召开首次人才工作大会。会议强调要坚持党管人才原则，加强对人才工作的领导与管理，加大人才工作经费投入，健全人才工作管理体系，加强舆论引导和师德师风建设，为人才强校战略提供可靠保障。学校出台《"十二五"人才工作规划》《高层次人才引进暂行办法》《人才队伍管理办法》《十佳教师评选与表彰办法》《专业带头人管理办法》《骨干教师认定与管理办法》等一系列有利于人才成长的制度，为学校的可持续发展确定人才保障机制。是年，为在职攻读研究生并取得硕士以上学位的 74 名教师落实学费资助，共资助金额达 93 万余元，激发了教职工自我提升的热情。

三、进一步理顺管理体制

优化校系设置和下设机构。2007 年 12 月，学校附属小学（星沙实验小学）顺利搬迁至新校区，为小学扩大办学规模、推动事业发展提供了良好条件。2008 年 1 月，五年制高职部由东塘校区（原湖南省广播电视学校院内）迁入星沙校区。经济与管理系和报刊传媒系合并成立传媒管理系，动画艺术系与应用美术系合并成立动漫与艺术设计系，成人教育与校办产业整合成立继续教育中心。

学校确定 2010 年为"系（部）建设年"，要求以校系两级管理为基础，工作重心前移，将关心支持系（部）建设作为加快内涵发展的基本导向，尊重高等职业教育的基本规律，防止学术事务的行政化。在专业、课程、师资队伍、实训条件建设上多想办法，多下功夫，确保教学出质量、科研出成果、社会服务出效益。

2012 年 3 月，学校成立教授委员会。教授委员会以学术评议为核心职责，对人才培养工作进行指导。成立学术规范工作组，实现行政权与学术权的分离。出台《学术规范管理制度》，积极推行评价机制柔性化，建立起市场化、社会化的学术评价体系。

2013年，为创新学校内部管理体制机制，开始探索"二级学院"运转模式。以传媒管理系为基础，设立管理学院，将主持与播音系和影视艺术系合并，成立影视艺术学院。同时，探索开展二级学院工作"评价机制"建设，制定了专业、课程、教师工作、教学系（部）管理4方面的评价指标体系，逐步构建起适合二级学院发展需要的工作评价标准。

努力形成遵章办事风气。2008年，学校成立规章制度修订工作小组，对学校历年来的规章制度进行系统性整理、补充和完善。

2009年，学校开始实施问责制，强化失职的责任追究。学校全面贯彻落实党委领导下的院长负责制，完善党风廉政建设责任制、党建工作目标责任制、党委班子成员工作联系点制度等，对党委（扩大）会议的议事规则、决策程序、纪律要求等做出明确规定。积极探索建立决策责任制，明确党政主要领导、班子成员在每一项重大决策中各自应承担的责任。2011年，狠抓"四个环节"（教育、制度、落实、班子），增强遵章办事自觉性。同时，建立健全财务制度，规范部门创收管理，进一步健全监督机制。

2011—2013年，学校修订完善《党委领导下的院长负责制实施细则》《"三重一大"实施细则》《教师职业道德规范实施细则》《党务公开实施方案》等一系列内部管理细则，把责任追究、按制度办事、按流程操作落到实处。

重视提高工作效能。2008年，学校建立面向市场办学的教师管理机制，开始实行全员聘任制，对教师实行动态管理和合同管理，实行向一线教师倾斜的分配制度。

2009 年，学校开展部门"小金库"专项清查工作。制定并严格执行《学生欠费催缴工作办法》，治理学生恶意欠费行为，取得效果。学校被评为 2009 年全省非税收入收缴工作先进单位。

2010 年，学校成为长沙市公安局内部单位安全保卫集体嘉奖单位。

2011 年，为了落实民主集中制，学校明确规定，对于内部绩效工资改革、重点项目实施、干部任免和推荐、大额资金使用等全局性的重大问题，党委必须坚持按照"集体领导、民主集中、个别酝酿、会议决定"4 项原则的要求，遵照党委议事规则，由党委集体讨论决定。是年，全面启动资产清查，规范物资采购和维修管理工作，加强食堂卫生安全和车辆管理。成立了由党委书记、院长挂帅的学校"十二五"规划编制工作领导小组，学校领导班子成员结合各自分管的工作，深入开展调研活动，按照科学决策、民主决策的原则，集思广益，反复征求意见，科学编制出学校《"十二五"发展规划》，学校党委经过 3 次专题讨论，最终形成的规划（草案）成功在学校教代会上通过。

2012 年，学校把效能监察作为提高管理效益和效率的重要手段，出台《学校行政效能监察工作方案》，精心编制出 100 张学校工作流程图，编印成册，下发学校各部门遵照执行。流程图明确了学校各方面工作的办事程序、办结时限和担责主体等。在机关行政处室开展行政效能自查自纠，确保管人、管财、管物、管审方面的权力在阳光下运行和按程序推进，促进干部工作作风的转变和工作效能的提高。是年，按照湖南省人社厅、湖南省教育厅的统一部署和要求，用人机制开始由身份管理向岗位管理、固定用人向合同用人转变。由于积极开展以节能、环保为重点的"两型"校园建设，且成效突出，学校被确定为湖南省"两型"学校创建单位。

切实维护职工权益。学校定期举行教职工代表大会和工会会员代表大会，在会上公布学校每年年度财务执行情况，充分发挥"双代会"的桥梁纽带作用，保障职工参与学校民主管理和民主监督的权利。2008年1月，学校召开第二届第一次教职工代表和工会会员代表大会。大会选举李靖、马定国、王津、邓浪平、李欣、向思贵、陈先觉、陈华敏、郑蜀仕、杨薇、童谦益、马新民、曾赛红等人为学校第二届工会委员会委员，李靖任学校工会主席，马定国任学校工会副主席。

是年，制定《合同工管理办法》《岗位工作职责和考核办法》。经过严格面试和考核，学校分别与150名教职工签订了聘用、续聘合同。严格按照国家和湖南省有关规定，为教职工购买社会保险，完成552名在职职工的薪级工资调整工作。

2009年12月，学校召开"双代会"。对代表提出的35件提案进行全面落实，提案质量明显提高。积极推行专家治校，成立了"发展研究中心学习型核心团队"，探索学校在改革、发展中的方向性问题，完善科研评价指标体系和激励机制，加大对纵向课题申报及结题的组织和指导力度。组织教师积极开展庆祝"三八"妇女节活动、环校园长跑比赛、一年一度的教职工运动会、新年教职工文艺会演以及游艺联欢等一系列活动，丰富教职工的业余文化生活。每年组织教职工体检，为教职工购买人身意外伤害和相关重大疾病保险。做好老干部工作，确保老干部工作经费，合理安排离退休老同志开展有益身心健康的各类活动，及时慰问离退休老职工，学校领导看望家庭困难教职工和患病住院职工，努力营造和谐校园氛围。按照国家政策规定，结合学校的财力，不断增加职工工资，改善职工福利待遇，让学校师生共享学校改革发展的成果。是年，完成579名在职职工薪级工资的调整工作。

2011年1月23日，学校召开第三届一次教职工代表和工会会员代表大会。大会选举杨薇、向思贵、李萍、姜建良、邓浪平、马新民、陈先觉、童谦益、余旭华、王诚、王静君等人为学校第三届工会委员会委员。杨薇任主席，向思贵任学校工会经费审查委员会主任委员，余旭华任副主任委员，李萍任学校工会女职工委员会主任，彭华丽任副主任。

2013年，分别对2012年度院级预算执行情况以及动漫与艺术设计系、管理学院、教务处3个部门的预算执行情况进行审计，对学校独立核算的附属单位法人代表进行任期经济责任审计。此外，对7个工程项目进行审计，审减资金比例达到2.13%。

四、强化重点项目建设

创建省级示范性高职院校。2006年7月，学校办学水平评估达优后，学校党委审时度势，瞄准新高度，适时提出新的发展战略目标。2006年11月27日，学校召开会议部署"省级示范性高职院校"的创建，成立了由学校党委书记、院长为组长的示范性高职院校"创建工作领导小组"，设立专职工作机构"创建办"，委任项目负责人和工作人员。经过全校师生的艰苦创建，2007年9月，学校顺利入围"湖南省示范性高等职业学校"。

建设国家首批骨干高职院校。2009年，学校以争创国家示范性高职学院为契机，严格对标国家示范校项目建设要求推进学校建设。制定《重点项目建设管理办法》，认真组织项目实施，通过"建设内容项目化，项目建设部门化，部门建设日常化"，把国家示范校建设工作与学校日常工作融为一体，确保争创工作质量。

2010年10月，根据《教育部财政部关于确定"国家示范性高等职业院校建设计划"骨干高职院校立项建设单位的通知》（教高函〔2010〕27号），学校获批为"国家示范性高等职业院校建设计划"骨干高职院校立项建设单位，标志着学校迈入全国高职教育"第一方阵"。从此，开启了三年项目建设期。是年底，学校抓紧完成国家骨干校建设方案和任务书的制订，并顺利通过湖南省教育厅组织的专家论证和评审。

2011 年，学校进一步修改完善国家骨干校项目建设方案和任务书。按照教育部、财政部的要求，学校组织各个项目建设团队和项目管理团队对建设方案和任务书进行了 8 轮修改完善，学校将国家骨干校建设总项目分解成 10 个分项目、421 个子项目，并制定出各个子项目的建设任务书，完成了学校改革发展的系统设计，厘清了建设思路。在项目建设过程中，学校先后制定《国家骨干校建设项目专项资金管理办法》《骨干校建设项目专项资金实施细则》，从制度和技术层面保证了骨干校专项资金专款专用。组织开展学校北校区基建项目竣工决算，收集整理所有基建项目的竣工资料，北院建设项目形成的资产全部入账，学校规范资产管理水平提高。各个项目建设扎实推进，为骨干校建设和学校内涵式发展奠定了坚实的基础。

严格规范国家骨干校建设项目专项资金使用。2011 年，高校化债工作成效明显，学校争取上级下拨化债资金 4180 万元。除化债专项资金外，还争取到基本建设资金、职成专项资金等专项拨款 1248 万元。学校实现骨干校建设项目专项资金使用过程全程监管，努力做到合理开支，规范管控，发挥效益。是年，学校顺利通过湖南省审计厅的化债资金专项审计。2012 年，学校积极筹措各方资金，开源节流，获得湖南省高校化债资金 3970 万元，国家骨干高职院校专项拨款 630 万元，湖南省发展和改革委员会建设资金 200 万元，争取其他资助金额 1582 万元。学校改革财务结算方式，全面推行"公务卡"结算，规范公务支出管理，减少现金结算，初步实现了财务"零现金"报账的目标。争取中国移动公司数字化校园建设专项资助，积极推进校园一卡通数字化校园建设。

按照国家骨干校建设项目要求，编制 2011 级人才培养方案。各专业在 2010 级课程设置基础上进行部分调整，使 2011 级专业课程设置更加符合人才培养目标。学校组织了国家财政支持的高职院校普惠性专业的申报，新闻采编与制作、会计及其专业群获批立项资助建设。湖南省职业教育"十二五"重点建设项目申报取得新成果，影视动画专业、网络技术专业、影视表演艺术专业三个项目分别入围 2011 年度省级"十二五"示范性特色专业。

实施以国家骨干校建设项目为基础的课程体系改革。2012 年，影视艺术系以"演艺坊"为载体，"学、练、演"工学结合人才培养模式改革走出新路子。主持与播音系"声音工厂"产品展示系列活动有声有色，在学生、家长、社会中引起较大反响。学校组织"创意设计教学中心"申报，获得教育部批准和授牌。教材建设有新突破，为国家骨干校建设 6 个重点专业申报校本教材 57 部，其中 54 部获批立项。

2012 年，学校着力创新办学体制机制，重点加强实训条件、师资队伍、校园文化与社会服务能力 4 项建设，全面提升内涵发展水平，国家骨干高职院校项目建设有序推进。在"十一五"重点建设项目验收工作中，学校制定出切实可行的《2012 年迎接省职业教育"十一五"重点建设项目验收工作方案》，并按照验收部门要求，推进建设进程，通过网评、重点建设项目管理系统评价等形式及时上报验收材料，利用不同平台和不同技术手段充分展示学校的建设成果。加强对项目建设团队的指导，提高国家骨干高职院校重点项目的建设质量。学校申报的省级精品专业、省级精品课程、省级专业带头人、省级重点实训基地和省示范性特色专业等 14 个项目全部获得通过。"十二五"重点建设项目申报的金融管理与实务专业、计算机多媒体技术专业、电视节目生产性实训基地、文化产业示范性职教集团等 4 个项目全部获准立项，金融管理与实务专业入围 2012 年度省级"十二五"特色专业建设项目。这些建设项目的完成为国家骨干校建设项目顺利通过验收创造了条件。

五、不断强化师德师风和学风建设

争先创优，树立正气。2007 年 1 月，学校荣获"湖南省园林式单位"称号。12 月，学校荣获"湖南省高等职业院校后勤工作先进单位"称号。

2010 年，学校结合师德师风建设和机关作风建设，积极开展网上评教和机关作风评议活动。

2011 年，学校组织各基层党组织和全体党员开展师德师风建设公开承诺活动。在师生中开展"纪念建党九十周年"活动和"党的恩情永不忘"征文活动。经过评选，2 个党支部，74 个优秀党员，8 个优秀党务工作者受到表彰。教师节前夕，学校表彰了 26 名"优秀教师"和36 名"优秀教育工作者"。在学生中广泛开展"三好学生""优秀学生干部""先进班集体""先进团支部""优秀团员"评选表彰活动。对学生强化"三自教育"，引导学生加强自我教育、自我管理、自我服务，让学生由被动接受管理逐步转变为主动加强自我管理，提高学生的自律和自觉意识。组织学生积极参加社会调查、志愿者服务、公益活动和勤工助学等一系列社会实践活动，增强大学生社会责任感。

2013 年，为了增强教师职业意识、责任意识和工作使命感，学校出台《教师职业道德规范实施细则（试行）》，并组织全体教师举行了师德师风承诺书签订仪式，努力形成师德师风齐抓共管的新局面。学校注重建立激励机制，通过先进引路，促进师德师风和学风建设。

开展大学生心理健康教育。2008 年，针对大学生中独生子女多，心理普遍脆弱、心理健康问题多发的现实问题，学校党委召开会议，专题研究学生心理健康教育工作。学校出台《大学生心理危机干预暂行办法》，设立心理健康咨询室，安排专职教师值班，开通心理健康咨询电话和 QQ 平台，帮助学生解决心理困惑问题，加强心理健康教育。

2009 年，学校开办校内心理健康教育专刊《心灵之约》，举办以心理健康教育为主题的征文、手抄报比赛以及演讲比赛和辩论赛，播放心理健康教育影片，加强大学生心理健康教育的针对性。

2011 年，学校投入资金对学校心理健康咨询室进行改造，购置心理辅导设备，调配专职心理健康教师，提高心理咨询工作质量。学校购买心理测试系统软件，并完成学生心理数据的录入。定期举办以心理健康教育为主题的大型征文、心理健康现场咨询等系列心理健康教育大型宣传活动。不定期聘请心理学专家来校对大学生进行心理健康知识讲座，帮助大学生加强自我心理调适、保持心理健康。

2013 年，学校编写《心理咨询中心制度汇编》，规范心理健康咨询中心日常工作，每天安排心理健康教师轮流值班，印发《心理危机突发事件报告表》，加强危机工作的预警和监控，预防恶性事件的发生。是年，成功化解 5 起学生严重心理危机突发事件。

加强大学生思想政治教育。2007 年，学校主要围绕校风、学风建设两个主题，以学生管理常规工作为基础，强化思想政治教育工作和辅导员队伍建设。出台《辅导员工作职责及考核办法》，开展辅导员岗位应知应会知识竞赛，建立辅导员工作周报制度，进一步增强辅导员的工作能力和事业责任心。

2008 年，学校举办辅导员业务学习培训班，共培训辅导员 50 人。在全校开展"学生管理工作比比看""学生公寓文化建设"等活动，推行学生月会制度，开设辅导员、学工干事学风建设论坛。

2009年，学校举办入党积极分子培训班，294名学员参加学习。

2010年，学校党委召开"大学生思想政治教育工作会议"，组织开展"我与祖国共奋进""我为校庆添光彩""廉洁文化进校园""学雷锋活动月"等一系列主题教育活动，引导青年学生树立正确的世界观、人生观和价值观。认真做好党校学员和入党积极分子的教育培训工作，采取多种形式对学生入党积极分子进行党的基本知识教育和党性培养。重视学生党员发展工作，坚持标准，严格程序，确保质量。

2011年，学校全面启动"大学生思想道德提升工程"。学校组织师生学习领会中共中央《关于进一步加强和改进大学生思想政治教育的意见》精神，充实思想政治理论课教师队伍，配齐辅导员，定期召开学校加强和改进大学生思想政治教育工作研讨会和经验交流会，学校思想政治教育工作体系进一步完善。是年，出台《关于进一步加强校纪校风建设的若干意见》《学生公寓管理人员职责》《学校辅导员工作职责及考核办法》《辅导员绩效考核细则》等一系列规章制度。购买"学生工作管理系统"软件，并投入使用。重新修订学生手册，将以往制度汇编形式为主的学生手册，修改成以指导型、指南型、温馨提示型为主的学生学习与生活实用指南，新生人手一册，受到新生广泛欢迎。

2013年起，学校分别实施"灵魂塑造工程""素质培养工程""文化育人工程""实践锤炼工程"等，开展以诚信教育、感恩教育、学习洪战辉、学习李春华和弘扬师德、教书育人等为主要内容的思想宣传教育活动。利用校园电视台、校园广播电台、网站、报刊等宣传阵地，积极开展思想政治教育特色主题活动。

实施校园文化建设"提质工程"。2010年校园文化建设的主题是"廉洁文化进校园"。学校在师生中深入开展以廉洁文化为主题的演讲比赛、知识抢答赛、文艺表演、讲座、读书月、征文、廉政DV制作大赛、廉政建设动漫作品展等活动，校园文化建设质量进一步提高，廉洁自律意识潜移默化地在广大师生中得到强化。

2012年，学校通过"校园文化进社区""关心农民工子女""报纸义卖"等不同形式开展大学生志愿活动，在浏阳、湘西、怀化、衡阳签约挂牌建立起4个大学生社会实践活动基地，为大学生参与社会实践扩展了阵地与舞台。

2013年，学校启动"校园文化景观设计""校园形象识别系统设计""校园文化活动品牌提升""校园文化建设理论研究"4大建设项目。为建设具有传媒和高职特色的校园文化，在全校范围内开展了校徽、校训、校歌的征集和校园文化建设论文征集活动。学校充分发挥专业优势，积极开展廉洁文化精品工程建设。由影视艺术学院师生共同创作的大型廉政题材话剧《人啊！人……》，被湖南省纪委宣教室、中央纪委宣教室和中央纪委电教中心采用，在《廉政中国》、远程教育网络等公益平台上进行传播，扩大了学校廉政文化建设的社会影响力。

发挥传媒专业优势，蓬勃开展校园文化活动。一年一届，每届持续一个半月的"校园文化艺术节"，成为学校校园文化活动的精品项目。校园文化艺术节内容丰富，形式多样，充分展示学生们的专业素质和才能，深受学生喜爱。它与"学友沙龙""学生社团活动月"一起，并称为学校校园文化三大品牌。2008年5月12日，汶川发生特大地震后，学校举办了"地震无情、我们有爱"诗朗诵赈灾晚会和师生捐款赈灾活动。5月21日，学校与湖南卫视联合在学校运动场举行"师生万人祈福烛光晚会"，场面宏大，气氛感人，湖南卫视进行了全程现场直播。2008年，为迎接北京奥运会，组织师生举办"为奥运祝福签名""奥运倒计时""奥运知识竞赛"等活动。积极组织学生参加湖南省青年学习节、湖南省大学生就业能力挑战赛等大型活动，充分展现学生风采。

2010 年，建校十周年之际，学校举行隆重而俭朴的庆典活动，注重传承学校的历史与文化，整合各类社会资源，向社会各界及广大校友展示办学成果与学校风采，进一步激发广大师生的爱校情怀。

开创共青团工作新局面。2006 年，学校共举办团校学习班四期，培训学员 1200 余人。聘请湖南大学心理咨询中心主任对 2006 级新生做题为"大一新生，请一路走好"的讲座。

2011 年 11 月，学校在湖南省湘西自治州古丈县建立首个大学生社会实践基地，大学生社会实践朝着基地化、规范化方向发展迈出一大步。其后，学校又先后在湖南省内建立起 6 个社会实践基地，基本做到每个系有固定的社会实践基地。在学校团委的统一部署下，各系分别组织大学生到基地开展形式多样的暑期社会实践活动，回校后进行实践成果总结、汇报和互相交流。学校团委先后被评为湖南省教育厅直属单位"五四红旗团委"和"湖南省五四红旗团委"。

2007 年到 2013 年，学校团委先后多次获评湖南省教育厅机关直属单位"共青团组织建设先进单位"和"先进团委"。经济与管理系团总支荣获湖南省教育厅厅直机关"先进基层团总支"，学生社团"传媒中间站"被团省委评为优秀社团，影视艺术系编导 0601 班团支部被省教育厅直属机关委员会授予"红旗团支部"，经济与管理系会计 0402 班、经济学 0303 班荣获湖南省教育厅直属机关单位"先进团支部"称号。2010 年，学校团委被省直团工委授予"优秀社会实践单位"。

关心关爱学生，形成良好育人氛围。2006 年，学校共评出学生奖学金获得者 1869 人。其中，国家级奖学金获得者 14 人，湖南省政府奖学金获得者 14 人，国家助学金获得者 273 人，湖南省助学金获得者 126 人，院级一、二、三等奖学金获得者 1442 人，获奖比例占学生总数的 27.8%。全年为贫困学生设立勤工助学岗位 114 个，比上年增加

44.7%，发放学生勤工助学报酬 9 万余元，为学生办理助学贷款 20 万元，"奖、减、贷、助"为主的学生资助体系进一步完善。

2007 年，231 名学生获得国家奖学金和国家励志奖学金。

2008 年，学校利用"奖、贷、助、补、勤"五位一体的奖、助学机制，奖励品学兼优学生，建立贫困学生档案，帮助贫困学生顺利完成学业。9 名学生获得国家奖学金，259 名学生获得国家励志奖学金，3043 名学生获得院级奖学金。学校依据国家有关政策，为家庭经济困难的学生发放生活补助 78.6 万元，发放国家给予五年制高职部的一、二年级 257 名学生生活补助 17.2 万元，为汶川大地震中家庭受灾的 21 名学生发放特殊困难补助 4.34 万元。

2009 年，20 个先进团支部和 400 多名先进团干部和团员，59 名省级优秀毕业生和 87 名院级优秀毕业生受到表彰奖励。8 名学生获得国家奖学金，259 名学生获得国家励志奖学金，13 个班级荣获院级优秀班集体，2324 名学生获得学校各类奖励。帮助 49 名家庭困难学生获得银行助学贷款，共计 10 余万元。开辟学生勤工助学岗位 94 个，全年共发放勤工助学金 19.5 万余元。

2010 年，8 名学生获得国家奖学金，262 名学生获得国家励志奖学金。10 个班级，2052 人获得院级各种奖励。56 名省级优秀毕业生和 88 名院级优秀毕业生受到表彰。

2011 年，学校为学生发放奖、助学金 517.88 万元，其中国家奖学金 5.6 万元，国家励志奖学金 127 万元，国家助学金 302.4 万元，学校奖学金 82.88 万元。学校为贫困学生发放生活补助金 120.96 万元。

2012 年，学校为学生发放奖学金和助学金 926.4 万元，其中国家奖学金 5.6 万元，国家励志奖学金 120 万元，国家助学金 577.8 万元，学校奖学金 223 万元。学校为 224 名学生办理助学贷款 150 万元。

2013年，6名学生获得国家奖学金，共计4.8万元。252名学生获得国家励志奖学金126万元。1824名学生获得国家助学金547.2万元。358名学生获得生源地助学贷款213.05万元。92人次获得学校各类专项奖金。

努力建设平安校园。学校始终把维护校园平安和稳定作为一项重要的政治任务来抓，积极开展应急宣传教育活动，重点规范金海岸学生公寓的安全管理，加强夜间巡查工作力度，对学校重点部位进行监控，严防盗窃犯罪。2006年，学校与各部门签订创建"平安文明校园"综治目标管理责任书。2007年12月，学校获得"2006年度全省社会治安综合治理工作先进集体"称号。在此基础上，学校通过进一步建立健全校园治安和安全工作责任体系、教育体系、防控体系，在上级多次检查中受到好评。

2011年，学校成立"平安和谐校园"工作领导小组，对校园安全工作进行指导、监督、检查、考核。坚持校领导和中层干部夜间值班制度，严格落实校园安全稳定工作责任制。制定《安全工作条例》《安全工作职责》《安全检查制度》《安全工作应急预案》等规章制度，开展"消防安全教育活动月"活动。进一步加强校园网站的建设和监管，推进校园公共安全体系建设，加大综治工作的经费投入，聘请优秀公安干警和长湘保安公司负责学生公寓及教学、实训、演播大楼的安保工作。

2013年，学校被湖南省教育厅列为全省第一批重点建设的"平安高校"建设单位。

六、全面提升专业和课程建设水平

为了落实教育部《关于全面提高高等职业教育教学质量的若干意见》精神，学校紧紧围绕教学中心，以课程教学改革为突破口，全面提升专业和课程建设水平。

增强师生对高职教学改革规律性的认识。2007 年年底，学校先后两次邀请教育部现代教育技术师资培训基地主任戴士弘教授来校，为教学管理人员和全体教师做有关高职课程教学改革的专题讲座。讲座围绕职业教育培养目标、教师教学能力测评、课程评价标准、课程改革方式以及如何进行课程单元设计和整体设计等问题，对学校教学改革起到了很好的指导作用。

2008 年，学校邀请湖南省普通高等学校首届教学名师、湖南省职业院校省级专业带头人彭石普教授来校，为教师做关于"六位一体"能力型课程教学模式的专题讲座，为促进教师的教学改革提供范例。

2009 年，学校在全校广泛开展高职教育理论学习讨论活动。编印下发《高职教育理论学习资料》，组织专题研讨和学习效果测试，教职工对高职教育的认识进一步提高，高职教育相关理念更加深入人心。

进一步规范教学秩序和教学管理工作。2006 年，教务处和各系（部）着力抓好教学日常管理，注重对教学准备的落实、课堂教学的实施、教学行为的规范和教学档案的建立进行检查（坚持每 6 周开展一次全面的教学检查），落实教师互相听课、系（部）主任和教研室负责人听课等制度，初步形成教务处、系（部）和教研室三个层面的教学管理良性机制。

2007 年，学校督导室专家深入课堂听课高达 300 多节，编发《督导工作简报》41 期，及时反馈教学工作中的先进典型和存在的问题，发挥参谋和督导作用。

2008 年，学校进一步完善《教学管理制度汇编》，严格执行教学检查、教学督导、同行评教、学生评课等教学监控制度，形成科学有效的教学质量监控体系。

2009 年起，学校强力推行校系两级教学管理，各教学单位的教学自主管理意识不断增强。通过系务会、课堂巡查、常规教学检查、课程考试组考、补考重修考试组考、学籍管理、成绩管理、课表编排、教师工作考核、教研教改等活动，将各项工作的时间、内容、程序、标准、要求等用制度或规定加以固定并督促实施，教学管理水平逐步提高。教学督导团认真开展专题调研，充分发挥"督"与"导"的作用。

积极推进课程改革。从 2008 年起，学校坚持"积极稳妥、先立后破、分类推进"的原则，加快课程改革。127 门课程启动课程改革工作，占归属课程的 29.7%，参加课程改革的教师 156 人，占校内专兼职教师的 58.2%，下半年，30 多门课程接受了首批课程改革验收。同时，学校举行了首届教师"任务驱动、项目导向"课堂教学设计竞赛。

2009 年，学校实行课程改革项目常规化，将课程改革的内容分解成若干项目，融入相关的教学常规工作中。科学制定 2009 级各专业《人才培养方案》，部分课程考核由终极性考核改为过程性考核，尝试"证考结合"的考核方法。启动了近 100 门课程的标准开发，59 门课程获得立项。

2011 年 12 月，学校教授雷珺麟导演的动画短片《风筝手》获国家广播电影电视总局 2011 年少儿精品及国家动画发展专项资金项目优秀动画短片奖，并获得奖金 1 万元。

2013 年 11 月，学校教授雷珺麟导演的动画短片《雨中曲》获得第十二届四川电视节"金熊猫"奖动画短片入围奖。

组织开展教师说课竞赛。2009 年，学校分别举办专业教师说课竞赛、说专业竞赛，引导教师做好课程教学改革。在湖南省高职院校首届公共文化课教师说课比赛中，学校教师获一等奖 2 项、二等奖 1 项。

2011 年，学校对各专业《人才培养方案》进行了全面修订。严格按照中宣部、教育部《关于进一步加强和改进高等学校思想政治理论课的意见》进行教学改革，开设形势与政策课程。以国家骨干校建设项目为基础的课程体系改革初见成效，影视艺术系以"演艺坊"为载体，以"学、练、演"的工学结合人才培养模式走出新路子。主持与播音系"声音工厂"产品展示系列活动有声有色。学校组织"创意设计教学中心"的申报，获得教育部批准并授牌。教材建设有新突破，国家骨干校建设6个重点专业申报校本教材57部，其中54部获批立项。

提升精品课程建设质量。2006年下学期，由校领导、督导室、教务处和各系（部）组成中期检查评审组，对2005年立项的精品课程进行为期一个月的中期检查。通过听课、看资料、举行答辩会等形式，推动精品课程建设向纵深拓展。同时，组织开展2006年精品课程申报立项，包装设计等3门课程被批准成为2006年立项建设的精品课程。学校出台《院级精品课程管理暂行条例》，实现对院级精品课程立项、建设要求、过程管理的规范化控制，在此基础上，制定了《学校精品课程评审指标体系》。

2007年，电视画面编辑课程被湖南省教育厅确定为"湖南省职业院校精品课程"。

2008年，实训中心完善和升级学校网站，新建了"语言文字网""国家示范校创建""数据采集平台""省级重点项目建设"4个专题网站，加强精品课程平台的维护、管理和更新，通过优化网络、增强网络安全、降低网络故障，保证校园网络和精品课程教学的正常运行。计算机应用基础课程入围年度国家精品课程，学校实现了在国家精品课程建设上零的突破；语言表达技巧入围年度省级精品课程。

2009年，学校根据市场需求，调整和优化专业结构。4个财经类专业顺利通过全省高职院校专题评估，其中一个专业被评为优秀等级。

2010 年，经济学基础、应用写作、园林景观设计、电视节目主持、摄影技术等 29 门院级精品课程建设进展顺利。

2011 年，确立毛泽东思想和中国特色社会主义理论体系概论为院级精品课程。在教师中积极开展"三比"（比技能、比作风、比业绩）活动，结合部门性质、岗位职责和业务内容，开展业务学习、岗位练兵、技能比赛活动，不断提高业务能力，争当岗位能手，形成"比学赶超"的生动局面，教师业务素质与教学水平普遍得到提高。

2012 年，开展"让每一堂课都有收获"、专业负责人说专业比赛等活动，建立"学生主体、教师主导"的教学理念，鼓励教师创新教材教法，提高课堂教学效果。

重视加强通识教育。2010 年 11 月，学校成立通识教育指导委员会，出台《关于进一步加强通识教育的意见》，制订通识教育计划，明确地将通识教育列入 2010 级专业人才培养方案中。同时，确定了 31 门通识课程，在 2010 级新生中启动大学生"必读书计划"，学生自主选定必读书学习指导老师，老师指导学生进行必读书的学习和心得交流，学生必读书学习成绩计算学分，努力提高学生的人文素养和科学素质，催生了师生"学习共同体"的形成，学校成为湖南省高职学院中首所将通识教育纳入教学计划的学校。

强化实践教学体系建设。2006 年，学校开设计算机实践课程 40 门，语音室接纳了 32 个班的学生学习，多媒体教室共开课 26188 节，网上和周末增开选修课 696 节。特别是在湖南省大学生运动会篮球赛期间，实训中心、电广传媒系、报刊传媒系、主持与播音系先后组织近千人次学生参加这次大型赛事的综合性实训活动，成效显著。学生共制作电视新闻作品 20 篇（部），其中，送往湖南教育电视台播出 12 篇

（部），为各个学校参赛球队制作专题片 10 部。

2008 年，为了适应"高技能人才培养"需求，全面推广电子图书馆业务，学校图书馆网站开通了"传媒文摘"栏目，收录文献 1380 篇，并开展代检代查服务。学校实训中心精心维护和管理 48 间多媒体教室，完成多媒体教室课程 53446 节，开设选修课程 2314 节。实践性教学活动异彩纷呈。是年，学生分别参加全国大学生英语竞赛、第五届湖南省高职学院学生实用英语口语比赛、2008 湖南省职业院校冬季技能竞赛、湖南省首届礼仪主持人职业技能竞赛等，均取得理想成绩。

2009 年，学校开展以建立"教、学、做"一体化教室或"工作室"为重点的校内实训基地建设。相继建立动漫与艺术设计系的"琦昇文化工作室""Adobe 软件认证培训中心"，主持与播音系的"小蜻蜓配音工作室""雅博礼仪企划中心大学生创业工作室"，网络传媒系的"计算机多媒体技术工作室"，电广传媒系的"摄影摄像工作室""电视节目制作工作室"，国际传播系的"导游工作室"，传媒管理系的"文秘工作室"，以及影视艺术系的"试验剧团"等。实践性教学课程比例达到 50% 以上，学校各专业将学期实训周工作纳入常规教学计划中。

2010 年，依托传媒产业，积极实施"引台入校"。学校与湖南广播电视台签署合作协议，由湖南广播电视台出资添置先进设备的 1400 平方米的演播厅成为学校的"校中台"。学校演播大楼成为湖南广播电视台大型综艺节目生产基地，广播影视类专业的学生有了一个更为真实的实训平台。

2011 年，湖南卫视、青海卫视投入 3000 多万元，装备了演播大楼的中、小型节目演播厅，为校台共同培养人才、实现互利双赢打下良好的基础。学校与湖南省广播电影电视局合作共建"大广传媒影视培训基地"，年培训能力达8000人次，学校与湖南省广播电影电视局形成深度合作。长沙县广播电视台广播电视教学基地（台中校）正式启用，学校参与共同策划、制作《品味星沙》等栏目。是年，学校为了引企入校，将原办公楼改造成为动漫艺术楼，广东中奥动漫设计有限公司得以落户学校，学校与该公司共建的"动漫产品生产制作基地"成为第七届深圳国际文博会湖南省8个签约项目之一。学校与（湖南）数字时代出版设计有限公司共建的数字出版教学基地（厂中校），进入实质性合作阶段。学校加强校企合作，在省内外产生良好的社会反响。

2012年，学校先后投入项目建设经费8000多万元（含企业投资和项目资金4000多万元），用于办学体制机制创新和实训条件改善。建成了校园广播电视台、动画梦工厂、演艺坊、声音工厂、校园数字出版社、3D工场和湖南广播电视台节目生产基地，形成了7个融教学、培训、生产、职业技能鉴定和应用技术研发等功能于一体，具备"系统性、生产性、开放性"特征的校内实训基地，学校实训条件明显改善。学校通过制定《学生顶岗实习纪律》，推行《学生顶岗实习安全责任书》《学生顶岗实习安全承诺书》和组织校内实训室（基地）建设项目陈述与答辩等方式，加强了学生实训管理。是年，启动教学楼多媒体改造工程，完成教学楼66间教室的多媒体设备改造工程，教学监控中心可以使用现代化手段实施教学过程监控。学校向青海卫视《低碳生活》《花儿朵朵》等栏目派出5批次学生进入相关岗位实习。

2012年3月，以学校动漫与艺术设计系主任雷珺麟为总导演、学校院长冯一粟为总编剧、曾祥宝副教授为总制片人、学校影视动画及动漫设计专业师生为创作主体的我国首部领袖题材动画电影《韶山少年》（后更名为《少年毛泽东》），获得隶属国家广播电影电视总局的国家重大革命和历史题材影视创作领导小组电影组立项。

2013 年，学校以国家骨干校建设项目为契机，继续大力改善实践性教学的环境与条件，新增有实力的合作企业 34 家，合作内容贯穿人才培养全过程，产学合作专业覆盖率达到 100%。学校获批"湖南省教育信息化试点单位"。2013 年 5 月 1 日，"韶山之声"广播电台在学校艺术楼建站开播，校企合作向纵深推进。

全面开展职业技能鉴定工作。2004 年 3 月，学校职业技能鉴定所成立，2005 年，其管理职能划归教务处。2006 年，在充分研究各专业，特别是传媒属性专业职业技能鉴定现状的基础上，学校制定了《关于在教学活动中引入职业资格证书制度的规定》《关于学生计算机、英语和职业技术等级证的认证规定》《职业技能鉴定所管理办法》等一系列文件，并切实贯彻到教学计划中，考证要求被明确纳入课程教学体系，实现了职业技能鉴定与高职教育的有效衔接。同时，加大职业技能鉴定的宣传、组织和考前培训力度，大力开展"职业技能鉴定宣传周"活动，对全体师生进行职业资格证书的意义、作用及相关政策等的宣传教育，学校职业技能鉴定工作助推了高职教育的发展。

2007 年，进一步完善职业技能鉴定工作相关细则，明确校、系职业鉴定所（站）工作职能和人员岗位职责，构建起学校职鉴所、教学系职鉴站和计算机高新技术考试站二级组织体系。学校与湖南省劳动和社会保障厅职业技能鉴定中心合作拍摄的《三湘技能大师》专题宣传片，其 DVD 公开向社会发行，视频在湖南省劳动和社会保障厅官方网站上发布，并在年底由湖南省人民政府召开的湖南省高技能人才工作会议上循环播放。

2008 年，学校采用职业资格证考试课程与常规教学课程内容相融合的方式，有效地提高学生学习和考证的积极性，获证率大幅提高。同时，大力开发推广传媒类职业（工种）鉴定，逐步推行考证培训课程与常规教学课程的置换，使职业资格证书更具针对性和专业化。学校被评为"2008 年度湖南省职业技能鉴定工作先进单位"。在 2008 年度全省语言文字工作总结表彰会议暨 2009 年度全省语言文字工作会议上，学校获批"湖南省语言文字规范化示范校"，并被授予"湖南省普通话水平测试工作先进单位"，杨黄江、林芸、蒋丽芬、张文老师被评为"优秀测试员"，张征老师被评为"先进测试管理工作者"。

截至 2010 年 6 月，学校共有电子商务师、秘书、动画绘制员、理财规划师、礼仪主持人等 38 个职业鉴定项目，学生参加职业技能鉴定 10900 人次，获得职业资格证书 9400 本，其中获得国家职业资格三级（高级）证书 8700 本。

专业与课程建设取得显著成效。2006 年，学校申报新专业——对外汉语专业，顺利通过专家组的评审。

2007 年 9 月，学校影视动画专业被湖南省教育厅确定为湖南省职业院校精品专业，动漫与游戏专业培训基地被确定为湖南省职业院校专业教师专业技能教学水平认证培训基地。吴振峰（计算机多媒体技术）、劳光辉（电视节目制作）、雷珺麟（影视动画）3 位教师被确定为湖南省职业院校专业带头人。

2008 年，学校 1 名省级青年骨干教师培养期满通过验收，3 名教师被确定为省级高职专业带头人培养对象，1 名教师被确定为省级青年骨干教师培养对象。

2009 年 5 月，学校教师吴振峰荣获湖南省教学名师称号，67 人被选拔进入湖南省教育教学评估专家库，2 人被确定为 2009 年度省级青年骨干教师培养对象。

2010 年，学校获批省级教学团队 1 个，全国精品课程 2 门，湖南省"教指委"精品（重点）课程 2 门。学校获省级教学成果二等奖、三等奖各 1 项，湖南省教育厅批准学校成为湖南省动漫类专业技能抽考主持学校。

2011 年，学校艺术设计专业获批湖南省高职院校学生专业技能抽查考试标准开发项目，学校被评为 2011 年度"湖南省普通话水平测试工作先进单位"，学校动画类专业入围国家文化部举办的"中国文化艺术政府奖首届动漫奖"，学校成为全国唯一入围最佳动漫教育机构奖的高职院校。

2012 年，学校主持与播音、影视表演、影视动画、电视节目制作、出版与发行、计算机多媒体技术 6 个重点建设专业稳步推进。财政部、教育部支持的高职院校专业能力提升教学项目——学校新闻采编与制作、会计、商务英语 3 个专业的建设进展顺利。学校制定的《电视节目制作专业教学标准》《影视编导专业教学标准》《传媒策划与管理专业教学标准》被教育部采纳，面向全国公布使用。计算机多媒体技术专业技能抽查考试标准和题库开发项目获得湖南省教育厅批准立项。学校开发并公开出版发行核心课程标准 25 个。学校积极参与金融专业国家教学资源库 5 门核心课程资源中心和 1 个特色型资源中心的项目建设，提升了学校财经类专业在省内外的地位和影响。是年，学校教师导演的皮影童话剧《狼孩》，获得第 21 届国际木联大会暨国际木偶皮影艺术节金奖，学校被评为"湖南省高等职业教育教学管理先进单位"。

2013 年，学校主持与播音专业入选湖南省职业教育"十二五"重点建设项目——示范性特色专业。学校计算机应用技术入选国家精品资源共享立项。学校 3 个项目获准省级教育教学改革研究项目立项，3 项教学成果分别获得湖南省高等教育省级教学成果二等奖和三等奖。中央财政支持的两个国家普惠专业建设项目全部通过省级验收和国家级验收。

　　学校狠抓专业与课程建设，使人才培养质量显著提升，学生在各类竞赛中频频获奖。2007 年，学校电广传媒系学生陆虎获得湖南卫视"2007 快乐男声"长沙唱区冠军。6 月，在全国大学生英语竞赛中，学校学生获得湖南赛区特等奖 1 项、二等奖 2 项，5 人获得全国三等奖。9 月，在湖南省第四届高职高专实用英语口语大赛中，学校国际传播系学生胡可湘获得英语专业组二等奖，主持与播音系学生高梦然获得非英语专业组一等奖。11 月，学校学生高梦然代表湖南省赴北京参加全国第四届高职高专实用英语口语大赛总决赛，以优异成绩获得全国二等奖。是年，在"构建和谐社会，大学生先行——全国数字艺术设计（公益）作品大赛"中，学校学生获得二等奖 1 项、三等奖 3 项，比赛获奖作品数量仅次于北京大学，排名全国第二位。在湖南省第二届 DV 大赛分赛区比赛中，学校 2 部作品获得一等奖。学校电广传媒系学生在第一届全国大学生 DV 大赛中，获得二等奖 1 项、三等奖 2 项。学校主持与播音系学生在湖南省大学生古诗词朗诵大赛中获得二等奖 1 项。学校影视艺术系学生的集体舞《如火的青春》、独舞《扇女》在湖南省直属高校首届校园文化艺术节上分别荣获一等奖、三等奖，音诗画《湘江颂》获得湖南省直属单位廉政文化精品节目会演一等奖。

　　2008 年 6 月，学校主持与播音系 128 名学生受邀参加湖南卫视"端午赋——中华经典诗文诵读活动"的录制。9 月，学校摄影摄像专业学生的 43 幅作品参加中国平遥国际摄影大展，经过组委会专家评审，作品全部入选"世界院校展"，3 位学生荣获"世界院校新人奖提名奖"。10 月，在湖南省教育厅主办的"湖南省第五届高等职业学校学生实用英语口语大赛"中，学校国际传播系学生伊然获得英语专业组一等奖，网络传媒系学生黄又青获得非英语专业组二等奖。在 2008 年全国大学生英语竞赛中，学校学生共获得特等奖 1 项、二等奖 3 项、三等奖 6 项。12 月，在湖南省首届礼仪主持职业技能竞赛中，学校获得团队总分第一名，张欣同学获得学生组唯一的一等奖，同时获得全国首批颁发的二级礼仪主持职业资格证。在由湖南省教育厅和湖南省劳动和社会保障厅联合举办的"2008 湖南省职业院校冬季技能竞赛"中，学校获得团体一等奖、优秀组织奖，参赛学生获得一等奖 2 项、二等奖 3 项、三等奖 8 项。

2009 年 5 月，在"健力宝"亚运啦啦队湖南高校选拔赛中，学校学生代表队与湖南师范大学学生代表队获得健身舞蹈啦啦队高级组并列第一名。10 月，学校影视广告专业学生杨洋、雷茜参加长沙广电集团举办的"创业大本营"创业竞赛，表现优异，得到评委一致好评，获得长沙市人民政府颁发的 1 万元创业基金。12 月，学校影视艺术系师生排演的话剧《士兵突击》《我在天堂等你》参加首届湖南校园戏剧节，获得优秀剧目奖。此外，学校动漫艺术系师生承接了中宣部《健康农家》、中国人民银行《中国现代化支付与清算系统》以及《爱我中华·央行情》等若干专题动画片的设计与制作。在 2009 年全省和全国高职院校技能大赛中，学校学生获得省级及以上技能竞赛一等奖 11 项、二等奖 11 项、三等奖 4 项。在第六届湖南省高职高专实用英语口语大赛中，学生获得专业组一等奖 1 项、业余组一等奖 1 项，并代表我省专业选手赴京参加全国决赛，荣获三等奖。在全国大学生原创动画大赛中，学校获得金奖 1 项、银奖 2 项以及优秀指导教师奖 1 项。在全国大学生广告艺术大赛中，学校获得一等奖 1 项、优秀奖 2 项。

2010 年，在全国高校演讲与口才教学竞赛、全国青年歌手电视大奖赛湖南赛区总决赛、湖南省职业院校春季技能竞赛、全国职业院校技能大赛、湖南省第九届大学生运动会健美操比赛、2010 年全国啦啦操锦标赛、湖南省第七届高等职业院校学生实用英语口语大赛、全国学生规范汉字书写大赛等一系列重大比赛中，学校共获得特等奖 2 项、一等奖 10 项、二等奖 9 项、三等奖 7 项、组织奖 4 项、最具潜力奖 1 项、优秀指导教师奖 21 项。学校组织会计专业学生参加"湖南省职业院校学生专业技能抽查"比赛，学校获得"优秀学校"称号。

2011 年，学校在第六届全国信息技术应用水平大赛总决赛中获一等奖 1 项、二等奖 2 项、三等奖 7 项、组织奖 1 项。

2012 年，在湖南省计算机职业技能竞赛中，学校获得计算机网络应用项目一等奖、网络安全评估项目一等奖。在第八届全国职业院校"用友杯"沙盘模拟经营大赛中，学校会计专业学生获得湖南省总决赛一等奖，并代表湖南省参加全国总决赛，获得全国总决赛团体三等奖。

2013 年，学校学生在全国各级、各类专业实践技能大赛上，有 152 人次获省级及以上奖励，其中一等奖 13 项。人才培养质量的提高使学校赢得良好的社会声誉，吸引更多的考生踊跃报考。

七、师资队伍建设持续发力

加强"双师型"教师的培养。2006 年，学校组织教师参加职业考评员培训，共有近 60 名教师获得考评员资格，"双师"型教师队伍规模日益扩大。学校举办第四期高校教师岗前培训班，参加培训的 76 名教职工的考试通过率达到 97.45%。一年中，学校先后选派教学一线教师参加湖南省教育厅举办的骨干教师英语培训班、现代教育技术培训班、学生工作培训班、湖南省委宣传部举办的全省高校系统社科理论战线教学科研骨干研修班等，教师业务能力得到提升。

2008 年 4 月，为了规范教师的培训和培养工作，学校重新修订《教职工在职培训管理办法》。学校举办高校教师岗前培训班，培训教师 30 名；举办教师多媒体课件培训班，培训教师 119 名；举办辅导员业务学习培训班，培训辅导员 50 名。学校获得全省高校教师岗前培训管理工作一等奖。

2009 年，学校各系（部）共选送 80 多名骨干教师参加省内外各类业务培训。

2011 年，学校修订《"双师素质"教师认定与管理办法》《专业带头人认定与管理办法》《骨干教师认定与管理办法》《教师挂职实践锻炼管理办法》《师资培训管理办法》等一系列制度。采取学校搭建平台、专家引领指导、个人主动发展、团队共同进步的方式加大师资队伍建设。培养省级专业带头人 5 人，厅级青年骨干教师 2 人，举办高校教师岗前培训班培训新教师 32 人。举行高校教学管理创新与实践专题高级研修班等 10 项大型培训活动，参训教师基本覆盖全校近 400 名专兼职教师。

加大选送教师出国培训力度。2011 年，出国培训共 6 批 24 人次，先后前往德国、法国、美国、韩国、澳大利亚、新加坡等发达国家和地区进行学习和交流。2012 年，重点面向骨干教师开展业务培训，选派 38 人次前往美国、澳大利亚、韩国等发达国家进行学习和交流。2013 年，选派 27 名教师赴澳大利亚、新加坡学习培训。通过选送教师出国培训，有效促进教师的教学能力，提升教师的专业建设水平。

八、不断提升教师科研水平

2006 年，学校共组织教师申报国家级、省（部）级课题 8 项，其中国家社会科学基金项目 3 项、全国教育科学规划课题 1 项、国家教师基金"十一五"教育科研规划课题 6 项。组织申报厅级课题 41 项，其中湖南省哲学社会科学项目 10 项、湖南省科技厅软科学项目 4 项、湖南省社会科学联合会课题 8 项、湖南省"十一五"教育科学规划课题

14项、湖南省高校思想政治教育课题1项、湖南省教育厅科技项目8项。课题立项率排名全省高职院校第二位。全年新立项课题到账经费8.5万元，比上年增加6.1万元。开发院级科研课题19项，其中73.6%为青年教师申报。传媒类课题的占比率达到58%，比上年提高44%。7项省（部）级科研课题顺利结题。教职工主（参）编教材20部，公开发表论文181篇（核心期刊15篇），在6大检索中全文转载2篇，被人大复印资料中心索目4篇。同时，科研成果获奖数量大幅增加。学校共获得3项省级优秀教学成果奖，其中二等奖1项、三等奖2项；7篇论文获评湖南省职业教育与成人教育学会优秀论文；获得湖南省经济学会"'十一五'规划的经济学研究"专题论文一等奖2篇、二等奖4篇、三等奖3篇；获得湖南省外国经济学说研究会论文评选一等奖、二等奖各2篇；获得2006年度湖南省职业教育与成人教育优秀论文二等奖1篇、三等奖3篇；2篇论文获得2006年度湖南省中青年高等教育优秀论文三等奖。

2007年，经教育部中国教师奖励基金会、国家教师科研基金规划办审核批准，学校申报的4项科研课题获得立项，被列为国家教师科研基金"十一五"规划重点课题。学校荣获"国家教师奖励基金'十一五'规划重点课题科研兴校示范单位"称号。是年，学校共组织申报省（部）级课题10项、厅级课题16项，其中，9项获得省（部）级立项、4项获得厅级立项。校级课题立项14项，科研课题到账经费8万元，8项课题顺利结题。教职工发表论文213篇（核心期刊14篇）、出版专著3部、出版教材26本，专业技术人员参与科研率达到48.4%。获得湖南省社科成果奖和科技成果奖各1项，获得市级社科成果奖1项；49篇科研论文在全国和省级相关学会获奖。

2008年，学校科研基地建设取得零的突破。学校"动漫与游戏研究所"成为湖南省教育科学规划办公室批准的湖南动漫教育研究基地。学校全年组织省（部）级课题申报 4 项，其中，《传媒类高职教育人才培养模式研究》获得全国教育科学"十一五"规划课题立项，实现了在全国教育科研课题立项上零的突破；组织厅级课题申报 21 项，其中，7 项获准立项。批准开发校级科研课题 13 项。教职工公开发表学术论文 219 篇，出版专著 2 部，编写出版教材 30 本。学校科研横向联合的步伐加快，在动漫技术、广播电视技术、环境艺术设计、多媒体设计、社区文化服务、媒介岗前培训等领域开展科技创新和科技服务 76 项，50% 的专业与企事业单位初步建立起横向合作机制。学校期刊社的"两报一刊"质量稳步提高，学校学报被评为"全国地方高校优秀学报"和"全国高职高专优秀学报"。

2009 年，学校申报省（部）级课题 4 项、厅级课题 21 项，其中 13 项获得立项，校级立项课题 18 项。横向课题开发取得突破性进展，全年共开发横向课题 70 多项，每个专业至少有 1 项与企业共同开发的横向课题获得立项，较好地实现了以科研促教学。是年，全校教职工在公开刊物上共发表论文 228 篇（核心期刊 24 篇，在 CSSCI 上发表论文 9 篇）。6 篇论文被人大复印资料中心索目，2 篇论文被 EI 索引，34 篇论文在各级学会获奖。出版著作 3 部，编写出版教材 20 本。积极推介成果转化，组织向外推荐各类成果 21 项。

2010 年，学校科研项目实现"三个增长"和"六项突破"。"三个增长"即课题申报数量增长，申报各级科研项目 53 项，比上年增长 20%；课题立项数量增长，获得省（部）级、厅级项目批准立项 25 项，比上年增长 96%，立项率在全省高职院校中名列前茅；到账经费数量增长，获得纵向课题经费 20 万元，比上年增长 81%，获得横向课题经费 830 万元，比上年增长 300%。"六项突破"即在国家社科基金项目、省级思想政治教育研究项目、全省高校科学研究委托项目、全省百名优秀辅导员科研项目、全省大学生实践项目的立项和专利发明上,均实现零的突破。签订或完成科技合作与社会服务项目 81 项。2010 年,教职工在公开刊物上共发表论文 289 篇(核心期刊 40 篇),被人大复印资料中心或 EI 索目 15 篇,59 篇论文在各级学会优秀论文评选中获奖。出版专著 3 部,编写出版教材 38 本。获得国家知识产权局实用新型专利授权 1 项,并且签订专利转让合同。

2011 年,学校成立网络传播与舆情研究所。全年组织申报各级课题 135 项,比上年增长 154%;获得省(部)级、厅级等校外课题立项 33 项,比上年增长 30%,其中 1 项获得教育部人文社科基金项目立项,实现这一领域零的突破;获得湖南省高校科技项目青年资助课题 1 项;获得思想政治教育项目厅级立项 3 项。同时,学校自主开发了 29 项大学生思想道德素质提升工程项目。纵向课题到账经费 22.15 万元,比上年增长 10%。全年完成课题结题 39 项,比上年增长 56%。学校学报坚持"应用研究"和"地方传媒研究"两大特色,着力打造"湖南传媒研究"特色栏目,社会学术影响力日益扩大。组建了"网络传播与舆情研究所",优化了研究所的整体布局,成立了一批有特色、有实力的工作室,形成了课题研究合作团队和对外社会服务集成平台。是年,全校教职工在公开刊物上发表论文 328 篇(核心期刊 39 篇,在 CSSCI 上发表 12 篇),4 篇论文被 EI 及人大复印资料中心索目。出版专著 1 部,编写出版教材 33 本、教辅资料 1 本,取得发明专利 1 项。积极向外推介成果,推出了一批有价值、有分量的社科研究成果,全年获各级学会优秀论文奖 89 项。

2012 年,学校共获得省厅级课题立项 38 项(重点项目 1 项、青年项目 2 项),较上年同比增长 23%,到账经费 29.95 万元,同比增长

35%，实现了国家骨干高职院校的建设目标。全校教职工在公开刊物上发表论文 334 篇（核心期刊 47 篇，在 CSSCI 或 CSCD 上发表论文 26 篇），2 篇论文被人大复印资料中心全文转载，2 篇论文被索目，9 篇论文被 EI、ISTP 检索。出版专著 5 部，编写出版教材 24 本。获各级学会优秀论文奖 86 项，其中全国奖和省部级奖各 1 项。学校提交省级各学会参评的论文数和获奖率均排名全省高职院校第一位。是年，在全省社科成果转化及推广会等重要会议上，学校作为高职院校的唯一代表参会，并作经验介绍。学校成为"湖南省教育科研高职传媒人才研究基地"，被湖南省教育厅评为"2012 年度教育科研工作先进单位"。

2013 年，学校获得省厅级课题立项 34 项，3 项成果申请国家专利。学校教职工在公开刊物上发表论文 350 篇（核心期刊 50 篇），10 篇论文被国际四大检索系统的 EI、ISTP 检索，25 篇论文被人大复印资料中心全文转载、索目，转载和索目论文数较上年大幅增长。出版专著 4 部，编写出版各类教材 45 本，获得专利 1 项，82 篇论文获得各级学会优秀论文奖。

九、对外交流和继续教育工作扎实推进

对外国际交流现亮点。2005 年，学校与新西兰奥克兰商学院经过反复磋商，达成联合办学的协议。

2006 年，学校采取"请进来""走出去"的办法，积极鼓励教师参加各级各类学术活动，拓宽教师的学术视野，扩大学校在全国的影响力。首次承办高级别学术会议获得成功，承办全国学术会议 1 次，承办省级学术会议 3 次。出席全国学术会议 4 人次，出席省级学术会议 35 人次，派出教师出席国际学术会议 2 人次。

2007 年 11 月，学校设立国际交流中心，专职负责管理学校对外交

流工作和"汉语桥"世界大学生中文比赛事务。作为湖南省唯一的IELTS考点，学校配合教育部考试中心、英国驻华使馆文教处、广州领事馆做好考点布置、考生接待与服务工作，多次受到上级领导和英国驻华使馆文教处的通报表扬，在华南区和全国各考点的评估中，学校先后被评为"华南区先进考点"和"全国十佳考点"。

2009年，学校与韩国灵山大学签订学生交流协议，为毕业生构筑出国深造的平台。同年9月，学校5位同学奔赴灵山大学进行为期两年半的专升本学习。

2010年5月，国际汉语言文化传播基地成功落户学校。这是国家汉办（孔子学院总部）在全国高职院校设立的唯一汉语言文化国际推广基地。该基地是以汉语言文化传播实践为主要特色的全职能汉语国际推广基地，为学校开拓国际交流视野和社会服务领域，提供"工学结合"平台打下良好的基础，为学校赢得宝贵的资源和发展机遇。同年7月至8月，第九届"汉语桥"世界大学生中文比赛在新落成的学校演播大楼成功举办。此后，每年一届的"汉语桥"世界大学生中文比赛均在此大楼内举行，学校作为协办单位之一，每年举全校之力，精心组织、细心服务，为中国语言文化的国际推广做出重大贡献。国际汉语言文化传播基地得到了各级领导的高度重视和大力支持，先后担任湖南省人民政府副省长的许云昭、郭开朗，时任湖南省教育厅厅长的张放平，时任湖南广播电视总台台长的欧阳常林等都对基地的成立、建设和"汉语桥"赛事的开展作出过巨大贡献。同年，学校设立国际交流处。

2011年7月至8月，学校协办第十届"汉语桥"世界大学生中文比赛，并举行"汉语桥"10周年庆祝活动，时任中共中央政治局委员、国务委员的刘延东亲临学校出席活动。是年，对外交流取得实质性进展。学校先后与美国、英国、澳大利亚、韩国等国和中国台湾教育机构签署备忘录，全年接待相关大学和国外教育机构来访 30 余批次，并且学校与多所院校、协会签署了中文教师培训、文化交流等项目合作协议或意向书。学校由金融书店出资参股湖南文远国际文化传播公司，提高"汉语桥"赛事的市场化运作水平。

2012 年，学校分别与英国、法国、美国、俄罗斯、德国、奥地利、澳大利亚、韩国等国的十多所高校和文化机构建立友好合作关系，在教育交流、汉语教学、汉语教材研发、汉语文化产品设计制作等方面进行国际合作。学校派遣多批教师出国出境学习和交流，承办了亚非拉青年访华团的对外交流演出，开展了英国、法国中学生秋令营艺术培训，派出教师前往法兰克福孔子学院指导学生学习中国民族舞和中国武术。10月，学校被正式批准成为湖南省第一所具备招收外国留学生资质的高职类院校。

继续教育工作快速发展。2006 年，成人学历教育得到较快发展，学校电广传媒系、主持与播音系、国际传播系、影视表演系、报刊传媒系、经济与管理系、应用美术系、星沙教师进修学校、电大教学中心 9个单位开办了成人教育。学校成人教育办学规模进一步扩大，招收成人教育新生 1054 人，较上年增加 221 人，增长率达 21%。成人教育在籍学生达到 2777 人，较上年增加 829 人，增长率为 29.9%，其中专科学生 865 人、专升本学生 1879 人、硕士研究生 33 人。合作办学取得长足进步，学校获批"西南科技大学网络教育长沙学习中心""中国石油大学（北京）远程教育湖南学习中心""四川大学湖南函授站"，并与厦门大学、湖南大学、湖南师范大学、华中科技大学、中国石油大学（北京）、中央电视大学等 10 所高校开展联合办学。星沙教师进修学校全年先后组织完成"初中教师继续教育""信息技术""普通话"等 10项师资培训任务，培训各类教师 5986 人次。

2008 年，学校星沙教师进修学校广辟办学渠道，举办各类学历教育，实施"一村一大"工程，取得良好的社会效益。

2010 年，学校先后建立湖南大众传媒职业技术学院株洲北大星艺术学校函授站、岳阳电视大学函授站、衡阳函授站等，与湖南大学网络与继续教育学院、西南科技大学网络教育学院联合举办专科层次及专升本函授教育和网络教育班，分别与湖南大学、长沙理工大学签订两个专业的自学考试业余助学点协议，承接岳阳商业银行职工培训项目，对 200 多名在职员工进行金融新理念、银行业务知识与技能、管理知识与技能的培训。

2011 年，学校完成发展中国家电视台台长培训任务。成功举办湖南省初中美术、音乐教师、中职计算机教师培训班，学校荣获"2011年度远程教育工作先进单位""2011 年度中小学教师继续教育宣传工作先进单位"。

2013 年，中国传媒大学远程与继续教育学院湖南分院在学校挂牌。学校成人教育在籍人数 1669 人，继续教育工作成效显著，学校荣获"湖南省教师远程培训先进单位""湖南省教师培训宣传工作先进单位"称号。是年，学校附属小学（星沙实验小学）被评为长沙县"花园式单位"。

十、稳步提升社会服务能力

2008 年，学校科研横向联合步伐加快。在动漫技术、广播电视技术、环境艺术设计、多媒体设计、社区文化服务、媒介岗前培训等领域积极开展科技创新和科技服务 76 项，50% 的专业与企事业单位初步建立起横向合作机制，科技服务能力进一步加强。

2009 年 3 月，学校被评为湖南省语言文字规范化示范校，湖南省职业技能鉴定工作先进单位，湖南省普通话测试工作先进单位，全国大学英语四、六级考试优秀考点，全国高等学校英语应用能力优秀考点，雅思先进考点，全国十佳雅思考点等。学校以100分的好成绩被国家新闻出版广电总局评定为2009年全国广播电视编辑记者、主持人资格证考试优秀考点。

2010年，学校被湖南省文化厅授予"湖南国家动漫游戏产业振兴基地人才培养与研发中心"。

2011年，学校出台《社会服务管理办法》《校企合作管理办法》，将社会服务、校企合作引入科学化、制度化轨道，将科研、社会服务、校企合作纳入系（部）考核、教师工作考核和职称评聘指标体系，教师为社会服务的激励机制进一步完善。全年共开发社会服务项目246项，实现项目到款873.42万元，积极为传媒行业和其他社会企业、社会主义新农村建设项目、省内外高校等开办培训班，培训人数2万多人。

2012年，学校先后与新疆吐鲁番中等职业技术学院、湘西自治州文化艺术职业学校、湖南江永县千家峒瑶族乡刘家庄村签订协议，从专业建设等方面提供援助。学校参与了《唱歌学汉语》《汉语秀》《百家姓》《走进中国家庭》等国际交流与服务项目。

2013年，学校开展传媒产品研发、技术服务和行业培训等社会服务项目169项，实现项目到款1358万元。为社会提供各类培训达21487人次，为全省广电行业培训技术工人254人。学校社会服务能力的不断增强，有效地发挥了学校作为国家骨干高职院校的带动与服务效应。

《湖南大众传媒职业技术学院学报》的质量和影响力不断提高。2007年，被湖南省高校学报协会评为优秀学报。当年统计，学报已被1484家单位收藏。2010年，学校学报坚持"应用研究"和"地方传媒研究"两大特色,为业界服务的水平得到进一步提高,成为本省和全国新闻传播界的一份重要学术刊物。

十一、牵头组建"湖南文化产业职业教育集团"

2010年6月,学校将"前台后院"办学模式植入整个文化产业链,牵头组建"湖南文化产业职业教育集团"。集团由116家单位组成,包括21所职业院校、66家企业和29家传媒机构、科研单位。2012年,新增21家单位加盟。

作为集团的牵头单位,学校积极推进"产教联盟"机制建设。2011年,积极开展生产性实训工作。派出7批次学生到青海卫视节目生产基地实习,派出4批次学生到《花儿朵朵》栏目实习。依托职教集团,学校先后举办高职院校传媒设计大类动漫与游戏专业全国骨干教师培训班、省级初中音乐教师培训班,与湖南省广电局联合举办湖南省广播电视系统职工培训班。

2012年,学校面向社会开展各类培训达2万多人次。

2013年,由国际汉语言文化传播基地和湖南文远国际文化传播有限公司牵头,开发出学校全力支持的中国第一部领袖题材大型3D动画电影《少年毛泽东》,经中央重大革命历史题材领导小组办公室评审通过,获得好评。该片是学校师生参与原创的作品,成为学校通过校企合作为社会服务的一项重大成果。该片被列为湖南省文艺精品力作工程项目,同时被国家新闻出版广电总局向中宣部推荐,作为毛泽东同志诞辰120周年纪念活动中重点推荐的三部电影之一。

学校利用文化产业职教集团优势,在校企合作中拓宽就业渠道。一方面不断派人到广东、深圳、江苏、浙江、上海、福建等经济发达地区寻求合作伙伴;另一方面加强与本省广电系统、省劳动和社会保障系统、湖南智通人才市场，以及各家银行、移动公司、通信公司等单位建立比较稳固的长期合作关系，共同培养人才，扩大学生就业渠道。

十二、圆满完成新疆高校毕业生培养工作

2011年9月，根据中央第二次新疆工作会议精神和湖南省委组织部的统一部署，学校承担了第二批新疆高校毕业生培养工作，68名新疆高校毕业生来学校接受为期两年的学习培训。为了做好此项工作，学校成立了党委书记任组长、多名领导为成员的培养工作领导小组，指定一名副院长为主管、一名副院级督导专职负责。学校投入资金170万元，给新疆班学员提供完善的教学、生活条件和细致周到的服务。在校内广泛宣传民族团结的重大意义，尊重民族风俗习惯，营造和谐氛围。抽调优秀教师因材施教，组织新疆学员积极参加学校各类文化体育活动。在古尔邦节等民族重大节日，学校主要领导带队到新疆班学员宿舍看望学员，组织座谈。新疆学员在校期间生活愉快，学习进步，汉语水平普遍提高，切身感受到深厚的民族团结情谊。学校卓有成效的工作受到学员和社会各界的高度赞誉。

2013年6月，圆满完成新疆学员培养任务，《光明日报》《新疆日报》等主流媒体多次对学校新疆高校毕业生培养工作进行专题报道。

十三、持续改善办学条件

2006年5月，学校图书馆新馆建成并投入使用。馆藏图书在原有40万册纸质图书的基础上，增加80844册，整理加工光盘1755张，拥有20多万本电子图书的数据库建成并投入使用，图书馆管理系统得到更新。是年，图书馆累计接待读者37659人次，为学校教学科研提供了

有效的服务。产业管理处完成南校区锅炉和中央空调报废处置，获得残值收入 50 万元。3 月，按照公开、公正、公平的原则，顺利完成学校教师公寓第二期 72 套住房的分配工作。

2007 年，学校顺利完成东塘校区国有资产出让相关手续的办理，为东塘校区国有土地挂牌竞价出让创造了有利条件。完成星沙实验小学新校区建设任务，星沙实验小学按期顺利搬迁。完成演播大楼的立项、报建、设计评审、地质勘探等前期工作。对星沙实验小学旧校区教学楼、实验剧场、学校教职工活动中心进行改造装修。完成已竣工项目房屋的产权证办理，学校国有固定资产管理进一步规范。

2008 年，学校投入 1900 万元，启动第二实训楼的建设，建成多媒体教室 28 间，新建计算机网络工程实训室和 120 个座位的电子阅览室，对学校实验剧场和高标准学术报告厅进行改造，增添了学校网络中心设备，新增图书 1 万多册。

2009 年，学校建设的国际汉语言文化传播基地大楼（演播大楼）主体工程建设顺利完工，进入内部装修和设备安装阶段。

2010 年 7 月，演播大楼正式建成并投入使用，为学校新增校内实训面积 1.4 万平方米。

2011 年，学校体育馆内篮球比赛场 4000 多平方米的装修工程顺利完成，全省大学生运动会篮球比赛、中国高教影视艺术年会暨影视艺术发展与教育学术研讨会等大型活动在学校体育馆顺利举行。12 月，学校被评为"全国高校后勤社会化改革先进院校"。

2012 年，学校投入 8000 多万元资金（含企业投资和项目资金），加强实训室和艺术楼教学设施建设，办学条件日益改善。

2013 年，学校投入专项建设资金 1761 万元，新建、改建各类教学必需的实训设施与设备，基本实现每个专业都有配套的实训室。校园文化墙，学校大门，校园南面和西面围墙的建设工程，星沙实验小学的建设与搬迁，第一、二期星沙教师公寓的建设，以及其他教学生活设施的建设均取得重要成果，教学设备及教学系（部）办公设备基本购置到位，学校的办学条件进一步改善。

十四、稳步推进毕业生就业创业工作

2007 年起，学校开设就业指导课，纳入学生必修课程，毕业生就业教育与创业指导进一步加强。组建就业指导教学科研团队，撰写了《高职学生就业指导 100 问》，开展毕业生就业创业咨询活动，帮助毕业生确立正确的就业观和创业意识，指导毕业生开展创业实践活动。

2009 年，学校积极开拓省内外就业市场，共收集并发布就业信息 21100 多条，邀请 190 多家用人单位来校招聘毕业生。加强与对口人才需求单位的联系，建立稳定、长期的人才培养与接收合作关系，在江苏、广东、上海、浙江等经济发达地区建立一批需求量较大的学生顶岗实习与就业基地。拓宽就业渠道，积极开展大学生村官和应征入伍的推选工作，10 名学生成功入选大学生村官，17 名学生应征入伍。

2010 年，学校成立"大学生创业联盟"，加强大学生自主创业的引导与扶持，通过大型集中招聘和小型分散招聘相结合的方式，积极开拓省内外就业市场。学校被湖南省教育厅评为全省高校毕业生就业工作"一把手"工程良好单位。

2011 年 4 月，学校向长沙县人民政府提出申请，在学校设立大学生创业办公室（业已授牌），学生创业被纳入长沙县政府管理和资助的范围。是年，学校有 25 名学生实现自主创业，获得长沙县人民政府无偿资助 4 万元。

2012 年，在学校的积极引导和扶持下，5 名学生成功创业。在长沙

县创业富民工作会议上，学校荣获"长沙县创业富民工作先进单位"称号。

2013 年，在长沙市首届"我的创业梦"电视大赛中，学校 1 名学生获得"金点子奖"。

十五、国家骨干高职院校建设项目通过国家验收

学校狠抓内涵建设，促进了学校各项事业的全面发展，学校的综合竞争力和社会美誉度不断提升。学校先后被评为"湖南省职业教育先进单位""湖南省园林式单位""湖南省平安高校""湖南省文明单位""湖南省'两型'学校创建单位"。

2013 年是国家骨干校建设项目"验收年"。在项目建设的过程中，学校不断开展以"催进度、查质量、找问题、定措施、督整改"为重点的国家骨干校建设推进与优化工作。通过专家指导、组织培训、会议研讨等方式，对 10 个分项目、421 个子项目的建设指标逐一查漏补缺，提升建设成果质量。同时，组织力量完成项目验收的全套材料准备，通过骨干校验收。

经过 3 年的艰苦创建，在国家首批骨干高职院校建设项目验收中，学校顺利通过财政部、教育部的验收。2013 年 10 月 23 日，教育部、财政部公布《"国家示范性高等职业院校建设计划"骨干高职院校建设项目 2013 年验收结果的通知》（教职成函〔2013〕12 号），学校获得良好等级。

第五节　品牌提升（2013 年至今）

通过加强内涵建设，学校取得了许多标志性成果：2006 年，在全省高职高专人才培养工作水平评估中获得优秀；2007 年，获得"湖南省示范性高等职业学校"称号；2008 年，全面启动课程教学改革，取得较好成效；2009 年，国际汉语言文化传播基地成功落户学校；2010 年，学校牵头组建的湖南文化产业职业教育集团正式成立，学校获批国家骨干高职院校建设项目；2013 年，在对国家骨干高职院校建设项目的验收中，学校获得良好等级。以此为基础，学校确立了新的发展目标：务实进取，积极争创湖南省卓越高职院校建设项目，努力创建高水平特色学校，全面打造学校优质办学品牌。学校发展迈向品牌提升新阶段。

一、深入开展党的群众路线教育实践活动

2014 年 2 月 24 日，学校党委会专题部署党的群众路线教育实践活动。会后，党委主要领导分别开展党的群众路线教育实践活动专题调研。3 月 3 日，学校党的群众路线教育实践活动领导小组召开专题会议，审定学校《深入开展党的群众路线教育实践活动实施方案》。3 月 5 日，湖南省委教育工委副书记、省教育厅党组成员夏智伦，省教育厅机关党委副书记喻志松，省委教育工委组织部部长蒋明一行 3 人莅临学校指导党的群众路线教育实践活动。3 月 6 日，中共湖南省委派驻省属高校第七督导组组长、南华大学正校级督导员邹长城，副组长、湖南机电职业技术学院原党委书记王宏德率领第七督导组来校检查指导党的群

众路线教育实践活动前期准备工作。3 月 10 日，学校召开党的群众路线教育实践活动动员大会。学校党委书记、学校党的群众路线教育实践活动领导小组组长方林佑代表学校党委作动员报告。夏智伦、邹长城出席大会并讲话。

在党的群众路线教育实践活动学习阶段，党委成员分别向党员干部讲党课，各基层党支部组织全体党员开展"入党为什么、为党做什么"大讨论。4 月 8 日，学校党委理论学习中心组举行扩大会议，专题学习《党的群众路线教育实践活动学习文件选编》等一系列文件资料。学校党的群众路线教育实践活动领导小组成员、副院长汪建以"人民群众是共产党的力量来源"为题作中心发言。在其后多次举行的党委理论学习中心组的学习中，党委副书记姚海涛以"改进干部作风，加强效能建设"为题、副院长袁维坤以"认真贯彻'两会'精神，努力践行党的群众路线"为题、学校纪委书记曹文才以"积极开展党的群众路线教育实践活动，努力改进工作作风，推进学校党风廉政建设"为题分别作了中心发言。学校党委书记方林佑以"艰苦奋斗精神不能丢"为题，为各总支、各支部书记作辅导报告。

4 月 11 日，学校党委全体成员、院级领导、中层正职干部以及学生党员代表，赴浏阳市秋收起义纪念馆和胡耀邦同志故居，追寻伟人足迹，重温入党誓词。

5 月 15 日，学校召开党的群众路线教育实践活动征求意见情况民主评议大会，省委派驻省属高校第七督导组全体成员出席大会。7 月 8 日至 9 日，学校党委召开党的群众路线教育实践活动领导班子专题民主生活会，学校党委成员认真开展批评和自我批评。省委教育工委副书记夏智伦、省委派驻省属高校第七督导组组长邹长城出席并指导会议。7 月 16 日，学校召开党的群众路线教育实践活动党委专题民主生活会情况通报会，学校党委书记方林佑主持会议。8月25日，学校党的群众路线教育实践活动领导小组召开会议，研究部署基层党组织召开专题组织生活会和开展党员评议工作。9月18日，学校召开党委领导班子整改方案通报会。会后，学校党委领导班子根据整改方案进行认真整改。

11月13日，学校召开党的群众路线教育实践活动总结大会，方林佑代表学校党委作总结报告，湖南省委教育工委副书记、湖南教育厅党组成员夏智伦，省委派驻省属高校第七督导组组长邹长城出席大会并讲话。通过深入开展党的群众路线教育实践活动，广大党员，特别是领导干部，执政为民、服务群众的自觉性得到提高，有力地促进学校事业的发展。

二、切实履行党要管党、从严治党责任

学校领导班子把学习和贯彻党的十八大和十九大精神、习近平总书记系列重要讲话精神作为首要政治任务，贯穿于学校改革发展的始终。按照中央关于"抓好党建是最大的政绩"的指示精神，结合省委巡视工作中发现的问题，落实整改要求，学校党政班子从规范党的思想建设、组织建设、作风建设、党风廉政建设和制度建设入手，努力加强党的建设，为学校事业发展提供坚强有力的政治保障。

开展"三严三实"专题教育。2015年，中共中央发出通知，要求在全国开展"三严三实"专题教育活动。学校多次召开党委会议，统一思想，整体部署，制订详细的专题教育活动实施方案。党委书记、院长带头，党委成员在各自分管、联系的部门上党课，通过座谈会、访谈等形式，虚心听取群众意见，对照"严以修身、严以用权、严以律己、谋事要实、创业要实、做人要实"的要求，了解自身以及学校党员干部存在的突出问题。学校领导班子成员共查摆出"不严不实"问题48

条，42 名副处级中层干部查摆出"不严不实"问题 255 条。大家列出问题清单，剖析思想根源，制定整改措施，明确整改期限，边查边改。党委分别以"严以修身""严以律己""严以用权"为主题，多次举行中心学习组学习会议，进行专题研讨。

进一步加强党的组织建设。2015 年 1 月 16 日，学校召开教职工大会，宣布湖南省委、省教育厅关于调整学校领导班子的决定。中共湖南省委高校工委副书记夏智伦出席会议，省教育厅人事处处长李纪武宣读省委、省教育厅有关干部任免决定：冯一粟同志退休；袁维坤同志任学校党委副书记、院长；刘国清同志任学校副院长；免去汪建同志的学校副院长职务，汪建同志任学校纪委书记；免去曹文才同志的学校纪委书记职务，曹文才同志任湖南省教育考试院纪委书记。

2015 年，学校修订《干部选拔任用工作办法》，增加了关于干部能上能下、个人事项报告等条款。对干部交流做出制度化规定，使学校干部选任工作更加科学规范。对全校中层正职干部进行轮岗调整，调整面达 50%；对空缺的 3 个部门正职岗位、7 个部门副职岗位公开选拔干部，严格按照程序办事，无一例违规提拔干部行为；对全校 10 个党总支、27 个党支部进行全面换届选举，党的基层组织更加健全充实。将党建工作规范化纳入学校 2015 年度党委行政工作要点，制定《2015 年党建工作清单》，出台《党日活动制度》。提高党员活动费的标准，将党日活动经费列入年度财务预算。举办"党支部书记专题培训班""新党员和发展对象培训班"，66 名新党员、198 名发展对象接受了培训。各党支部积极开展主题党日活动，进一步强化党性观念，锤炼思想作风。严格党员发展程序，有计划、有重点地发展大学生党员，全年发展新党员 180 人，其中教师党员 1 人、学生党员 179 人。

2016 年 3 月，学校党委书记方林佑因工作调动，赴湖南广播电视大学任职，袁维坤院长主持学校党委工作。12 月 27 日，学校召开干部大会，宣布上级关于学校党政主要领导干部的任免决定。袁维坤同志任学校党委书记，原湖南财政经济学院党委委员、副院长马于军同志任学校院长。

2017 年 8 月，学校召开第二次党员代表大会，选举产生第二届学校党委委员和纪委委员。大会选举袁维坤、马于军、刘国清、蒋民权、贺战兵、程桂珍、徐景学、谢景伟、李盖虎、朱丹、叶奕 11 位同志为学校党委委员；大会选举程桂珍、姜建良、向思贵、劳光辉、樊蔚、朱澍清、周纯 7 位同志为学校纪委委员。在学校党委第二届一次会议上，袁维坤当选为学校党委书记，马于军、刘国清当选为学校党委副书记。在学校纪委第二届一次会议上，程桂珍当选为学校纪委书记，姜建良当选为学校纪委副书记。

2017 年下半年，加大优秀年轻干部选拔力度，中层干部队伍结构进一步优化。调整、选任中层正职干部 39 名，中层副职干部 35 名，其中新提拔中层正职干部 11 人、中层副职干部 16 人。

实施管理干部队伍能力提升计划。2016 年，组织多批次共 72 名管理骨干到全国 21 所兄弟院校学习考察，与 54 所来访兄弟院校交流学校管理经验，推动各级管理者转变管理理念，提高管理技能与管理绩效。2017 年和 2018 年暑假期间，分别在北京大学和清华大学举办了中层正职以上领导干部能力提升研修班。

2018 年，调整中层正职干部 3 名，选拔任用中层正职干部 4 名、中层副职干部 2 名，顺利完成 11 名中层正职干部和 16 名中层副职干部的试用期满考核工作。

2018 年 1 月 24 日，学校召开第五届第一次教职工代表和工会会员代表大会。大会选举刘国清、陈旭、杨黄江、刘嫔妮、钱英、申剑飞、徐可晶、颜家水、周曙、任健、李萍11位同志为学校第五届工会委员会委员，刘国清任学校工会主席，陈旭任学校工会副主席。

2019年，制订并实施中层干部调整选聘工作方案，选任中层正职干部5名、中层副职干部2名。

强化党风廉政建设。2014年11月16日，湖南省委教育纪工委书记周德义来校指导学校纪检监察工作。学校出台《关于加强作风建设监督检查的实施办法》《公务支出和公款消费审计监督实施办法》等规章制度，学校纪检监察审计部门先后开展行政效能监察和对校属后勤服务公司、湖南金融书店有限公司、校本级2013年"三公"经费等多个项目的审计，通过对审计结果的运用，强化执纪监督的有效性和震慑力。

2015年，学校党委会、院长办公会多次研究党风廉政建设工作，研究制定《党风廉政建设工作要点》。5月7日，学校纪委召开中层正职干部廉政建设工作会议，部署开展加强干部廉洁自律工作。9月，印发《领导班子成员2015年党风廉政建设职责》，明确党委书记、部门负责人分别是学校和部门党风廉政建设第一责任人，党委成员在各自的工作领域必须认真履行"一岗双责"。10月，学校纪委举办学校纪检监察干部第一期培训班。12月11日，学校党委召开研究党风廉政建设专题会议，学校领导班子成员、中层干部均签订党风廉政建设工作责任书。进一步落实党内监督制度，强化纪委书记在党委成员中的监督作用，纪委书记除负责纪检监察审计工作外，不再分管其他工作。突出重点，严格监督，认真开展"四风"整治、"小金库"清理、高校乱收费等多种专项整治工作，对全体党员，尤其是党员领导干部，持续进行遵守党的政治纪律、财经纪律、工作纪律、廉政纪律等情况的监督检查。严格执行领导干部有关个人事项报告制度，副处级（含）以上领导干部每年及时、客观地填报个人事项，无一例瞒报、虚报行为。认真清查领导干部在企业行业协会兼职取酬，以及领导干部亲属经商、出国定居等情况，未发现违规现象。学校党风廉政建设工作受到上级肯定。

2016年，学校开展党风廉政建设暨三项专项整治工作，牢固树立党员干部的规矩意识和底线意识。

2017年，学校规范执纪审查工作，强化问责追责，落实"一岗双责"，以常态化问责推动全面从严治党不断深入。

2018年，学校全面落实纪委监督责任。建立纪检监察部门对重点领域、重点工作全覆盖的监督体系，对党风廉政建设风险点责任单位以及干部选拔等工作进行重点监督。组织全体中层正职及以上领导干部签订《全面从严治党责任书》。完善党风廉政建设约谈制度，开展新提拔中层正职干部任前廉政谈话，提醒谈话30多人次。认真做好信访处置工作，信访及行政投诉办结率达100%。

2019年，在完善财务内控制度、开展资产清查、实施跟踪审计、推进招标信息化的基础上，学校开展党风廉政建设风险点责任单位重点监督和问题排查，共梳理涉及12方面的26个廉政风险点，并制定41条防控措施。逐步建立起对招生、基建、维修、财务、人事等重点领域、重点工作全覆盖的立体监督体系。

落实省委高校巡视组巡视整改工作。2014年12月2日，学校召开巡视工作动员大会。中共湖南省委高校巡视组进驻学校，开展为期一个月的驻校巡视工作。巡视组组长、湖南科技大学原正校级督导员宋元林作动员讲话，学校党委书记方林佑代表学校党委作表态发言。

2015年3月11日，省属高校党的群众路线教育实践活动"回头看"第七督察组对学校整改落实情况进行专项督查。3月12日，省属高校巡视组在学校召开巡视意见反馈会，党委副书记、院长袁维坤主持会议，巡视组组长宋元林代表巡视组向学校反馈巡视意见，指出学校工作中存在的不足。党委书记方林佑签收《反馈意见》，并作表态发言。

针对 2014 年省委巡视组在巡视学校时发现的问题，学校全面抓好整改，强化遵纪依规意识。在对办公用房、公务用车、公务接待、领导职务消费、科研项目申报与管理、师德师风建设与校风建设等师生特别关心的事项整改中，做到逐项清理、逐笔销账、完善制度、整改到位。通过健全各项规章制度，建立长效工作机制，严防整改后出现问题反弹。2014 年，学校"三公"经费大幅下降，其中公务接待经费比上年减少 43.27%，交通费比上年减少 8%，因公出国费比上年减少 96%，会议经费比上年减少 57.9%，培训费比上年减少 33.84%。2015 年底统计数据表明，学校"三公"经费的支出仅为 2014 年实际发生额的 70%。2019 年，对 2014—2018 年的科研课题经费情况进行自查，完成新旧会计制度科目的转换对接。

2019 年，学校结合《票据法》《财政票据使用办法》和《税法》相关政策，认真清理 2017 年、2018 年末的应收账款。10 月底，已有 32 人还款或者书面承诺从工资中扣款共计 67.7 万元。同时，建立长效机制，规定前款不还，后款不借，限 3 个月的账务期等，从制度层面规范往来款的管理。实行阳光收费，精心组织、热情服务，2019 年学生缴费率达到 98%。顺利完成星沙实验小学和原长沙县教师进修学校教职工的公积金从长沙市住房公积金管理中心转移到湖南省省直单位住房公积金管理中心的合并工作。

开展"不忘初心、牢记使命"主题教育。2019 年，学校党委把握总要求、成立机构、制订方案、层层动员、强化督促，将学和做有机统一，把查和改全面贯通，努力夯实"不忘初心、牢记使命"的思想基础，增强"四个意识"，坚定"四个自信"，坚决做到"两个维护"，增强为党育人、为国育才的行动能力。组织中心组理论学习 9 次，集中上党课 8 次,出台《统战工作制度》《党员领导干部与党外人士联系交友制度》,修订《党委意识形态工作责任制实施细则》,将意识形态工作纳入《党委会研究事项清单》,加强讲座事先报备管理。党委提出 43 项整改措施,班子成员制定 116 条整改措施,挂图作战,逐一落实 74 个巡查问题的整改。奋力服务脱贫攻坚工作,党政领导 100 多人次深入脱贫攻坚第一线调研,捐资 20 万元硬化扶贫对象横路村的道路,投入资金 233 万元完成"以购代捐"校农合作采购协议,为曹家溪村希望小学捐赠教学计算机,开展"送文化下乡"活动。

三、探索建立现代大学治理结构

重视学校《章程》建设。2014 年,学校根据建立现代大学治理结构的需要,组织精干力量完成学校《章程》起草工作。2015 年 12 月,学校《章程》顺利通过湖南省教育厅的核准。湖南省省属高校章程核准委员会认为,学校《章程》结构合理,权责厘定清晰,规定细致详尽,言语流畅,体现了学校的办学理念和办学特色,总体水平很高。《章程》的出台标志着学校在推进依法治校、民主管理的道路上迈出新的步伐,学校有章可循、遵章办事进入更高阶段。

学校党政班子积极探索现代大学制度建设,以学校《章程》为核心的层次清晰、内容规范的制度体系逐步形成。全面推进制度的"废、改、立"工作,出台新制度 59 个、修订 81 个、合并 20 个、废止 82 个,学校规章制度总数由 242 个减少到 160 个,新的规章制度体系基本成型,精简后的规章制度更加合理、实用、规范和稳定。建立健全新的适应现代大学治理结构要求的规章制度体系,为进一步提高学校内部治理能力奠定了坚实的基础,为全面打造学校优质办学品牌提供了制度保证。

学校领导班子带头执行学校《章程》，积极探索以"党委领导、院长负责、教授治学、民主管理"为基本框架的现代大学治理结构。2014年，制定《学校党委贯彻执行民主集中制的基本规则》《行政管理、学术管理与职工民主管理规范》等规章制度，形成党政职责明确、相互配合、协调运转的工作机制，充分发挥教授委员会、学术委员会、教代会和民主党派等组织在学校重大决策过程中的作用。坚持集体领导、民主决策和校务公开，不断完善党委领导下的院长负责制、民主集中制、"三重一大"事项集体决策制度，班子成员自觉遵守财经纪律，定期召开民主生活会，沟通思想，凝聚人心，大事共商，相互支持。对教职工关心的重大问题及时公开，自觉接受群众监督。

学校《章程》的"宪法"地位和效力得到巩固和加强。通过印发《章程》，在校报中开辟《章程》学习专刊，在全校开展《章程》专题学习活动等，依法治教深入人心，依法治校得到落实。为了加大制度执行力度，学校专门出台了《规章制度执行与岗位职责履行监督检查条例》，对违反制度规定踩"红线"、闯"雷区"的行为严肃问责，坚决纠正有令不行、有禁不止、制度形同虚设等问题，切实维护学校《章程》和规章制度的严肃性和权威性。

湖南省教育厅向省内院校推广了学校以《章程》为核心的制度建设经验。2015年，学校制度建设获得了湖南省现代大学制度建设补助项目支持。

2018年，学校颁行《学校党委领导下的院长负责制实施细则》《关于贯彻落实"三重一大"事项集体决策制度的实施办法》《院长工作制度》，党委领导下的院长负责制得到进一步落实，学校科学决策、战略规划和资源整合的能力得到提升。完成教授委员会换届选举，学校内部学术权力体系得到理顺。制定并实施《定编定岗定责工作方案》，核定下设机构 36 个，科学精简、强化服务的职能机构体系基本形成。

2019 年，以全省高校章程建设专项督导为契机，围绕提升"治理效能"，加快建章立制步伐，营造遵章办学氛围，学校《章程》得到有效执行，内部机制运行更加规范。出台《校院两级管理实施方案（试行）》《校院两级教学管理实施办法》《二级学院经费管理办法（试行）》等配套制度，下放管理权限，降低管理重心，激发二级学院的办学活力。学校将 2019 年确定为"标准建设年"，编制并执行《标准建设实施方案》，以教育教学标准为重点，全面梳理、建立、完善包括教育教学标准、学生发展和学生管理标准、工作流程标准在内的，具有学校特色的标准体系，管理质量进一步提高。修订《教职工代表大会制度》《工会会员代表大会制度》《教职工代表、工会会员代表提案处理制度》，增强落实提案办理工作力度。支持教授委员会独立评审教学科研项目 392 项。完善财务内控制度，强化预算管理，规范收支管理。开展资产清查，实现财务账与资产账完全一致。实施公车改革，推进校办企业管理改革。实施重点工程全过程跟踪审计。引进招标管理系统，推进招标信息化。

推进校院两级管理体制建设。2014 年，学校在动漫与艺术设计系的基础上设立视觉艺术学院。2015 年，学校制定《专业布局调整规划（2015—2017）》，计划在未来 3 年内，淘汰 4 个、改造 6 个、合并 2 个、新建 5 个专业，使学校专业总量维持在 35 个左右，形成 5 大专业群。同年 7 月，在网络传媒系基础上设立新媒体技术学院。是年，在电广传媒系的基础上设立新闻与传播学院，在国际传播系基础上设立国际传播学院。学校按照专业布局的调整和专业群的构建要求，共完成 6 个二级学院的设置。

学校所有专业对应属于 6 个二级学院，逐步建立起适应媒介跨界融合和文化产业集群化发展的专业结构布局，努力做到专业设置与产业需求对接，实现教学资源共建共享。以专业群建设为核心，形成分层治理的校院两级管理体制。

为了确保二级学院在人才培养工作中的主体地位，增强办学活力，学校先后出台了《关于明确二级学院权责的原则性意见》《关于进一步加强教学质量保障体系建设的若干意见》等文件，使二级学院、系的职责与权限更加明确。

2015年，学校以专业群建设为核心，努力形成分层治理的校院两级管理体制。先后制定《二级学院管理办法》和《二级学院评议会章程》，二级学院的内部架构及其职能更加明确。同时，以服务专业群建设为中心，进一步优化、精简学校职能机构，厘清职能处室和二级学院之间的工作关系，使校院二级管理的基础更加扎实。

2016年，学校通过对《教授委员会章程》进行的多次讨论与修改，进一步厘清了行政管理与学术管理的边界。各二级学院党政联席会议、学术评价制度有效实施，教学团队建设成效明显，各基层部门落实学校重大决策和改革举措的执行力明显增强。支持教授委员会主导"专家治学"，全程参与学术活动重大决策，监督人才培养质量，在学术成果评价和学术工作评价体系的建设中发挥主导作用。建立教代会提案回应机制，督促相关部门认真落实各项提案，并将提案落实情况在"双代会"上向代表公布。大力推进民主管理，通过学校网站、校报、公告栏、电子显示屏等公开学校重要工作，努力增强教职工的主人翁精神和对学校的认同感、荣誉感。

充分发挥审计监督功能。2016年，学校共审计各类重大项目27项，审减资金620万元；完成物资采购任务80余次，涉及金额1000多万元；全年学校总收入、非税收入、其他收入、结余收入均创建校以来的最大值，学校财力持续向好，为学校改革和事业发展提供有力保障。

2017 年，学校的治理能力进一步提升。为适应建设与发展需要，学校调整优化下设机构，新设机构 3 个，撤销机构 4 个，更名和调整机构 7 个。为了提升资源配置效益，对"三定"方案进行多轮次修改。发挥"教授治学"作用，推进学术自治和自律。教授委员会"专家库"人数增至 100 人，教授委员会评审评议项目 41 个。强化财务预算管理，全面清查核实国有资产，规范采购招标程序，加强项目审计和全过程监督，资金和资产使用效率进一步提高。

2018 年，学校以《章程》为统领，分类编印《制度汇编》，与《章程》相配套的制度体系日臻完善。召开"双代会"，完善教职工民主管理渠道，选举产生新一届工会委员会委员，落实上届"双代会"提案 21 件。完善教育阳光服务网络平台建设，建立校领导接待日制度，为师生及社会公众提供优质、便捷的服务。落实"三定"方案，核定管理和教辅人员编制 241 个，调整岗位 22 人，转换岗位类别 3 人，清退长期在编不在岗人员 3 人，办理无法履行岗位职责者的辞职手续 2 个，形成教职工竞争上岗激励机制。

2019 年，学校出台《二级学院经费管理办法》，修订《财务管理制度》《内部预算管理办法》《关于规范经费开支及财务报账流程的规定》《往来款项管理办法》和《差旅费管理办法》，对校院两级内控制度和流程进行全面梳理，进一步健全和规范部门内控机制。

四、全面推进卓越高职院校项目建设

落实责任制，优化项目建设和管理。湖南省启动省级卓越高职院校项目建设后，学校全力争创，积极申报。学校在内涵建设发展阶段的不懈努力及取得的优良办学成果，为申报成功奠定了坚实的基础。2015

年 8 月，在对学校办学实力与水平进行综合评价的基础上，湖南省教育厅批准学校入围湖南省首批卓越高职院校项目建设单位，建设周期为 3 年，建设总预算为 21888.4 万元。新目标、新抓手、新资源，为学校进一步提升办学水平，打造优质办学品牌，在高职院校新一轮的竞争中抢得发展先机提供了契机和动力。

2016 年，学校着力强化卓越高职院校项目建设管理机制的构建。分别成立项目建设管理组和项目监测组，共设立 11 个项目建设管理组和 6 个专项工作组，细分建设任务，落实项目建设责任人，规定项目建设经费，提高项目建设的针对性和实效性。制定并实施学校《卓越高职院校项目建设管理办法》和《卓越高职院校项目资金管理实施细则》，为项目建设提供可靠的组织保障和制度保障。按计划落实项目建设整体推进工作方案和实施路线图，明确项目建设总体原则、实施步骤、完成建设任务的时间节点和需要重点突破的"十项任务"，先后召开 11 次项目立项评审会，对 14 个分项目、274 个子项目逐一进行评审。编制《卓越高职院校项目建设工作指南》，召开 4 次项目建设推进会，促进项目建设稳步推进。同时，通过专题网站、建设简报和定期检查等途径，强化项目建设过程的监督和管理。

2017 年被学校党委列为学校追求卓越、争创"双一流"、实施"十三五"规划的关键年，进一步突出教育教学中心地位、强化教育教学管理的提升年，提升内部治理能力的推进年。全校师生以立德树人为根本，以卓越高职院校建设为抓手，大力推进特色专业群建设、师资队伍建设、治理能力建设、智慧校园建设、实训条件建设、基础设施建设。

2018 年，对标卓越高职院校"人才培养模式"项目验收规范，贴近产业发展需要，重点推进以能力为导向的人才培养模式改革。新闻出版与广播影视特色专业群改革人才培养质量评价体系，构建"基地+内容产品"人才培养模式；动漫与艺术设计特色专业群以"创意中心"为平台，完善"三厂支撑，能力递进"人才培养模式；新媒体技术特色专业群依托合作企业，逐步形成"专业引领、中高职衔接"人才培养模式。

截至 2019 年年底，在卓越高职院校 274 个子项目建设中，仍有 166 个子项目在继续建设和完善。

走特色发展之路，实施专业集群建设。2015 年，围绕人才培养质量这一中心，各二级学院开始专业集群建设。根据"面向文化产业、突出传媒特色"的办学定位，学校确定新闻出版与广播影视、动漫与艺术设计、新媒体技术 3 大特色专业集群，予以重点建设。努力形成以媒介内容生产为核心，以传媒艺术和传媒技术为两翼的特色专业体系，为学校的特色发展奠定基础。为了处理好特色发展与均衡发展的关系，学校将财经商贸类专业群和通识课程群列为重要建设内容。

2016 年，依据学校《专业布局调整规划（2015—2017）》，学校持续优化专业结构和布局。学校新增专业 2 个，停办专业（专业方向）2 个，合并专业 6 个，列入预警专业 2 个，专业动态调整机制的运行得到强化和落实，适应媒介跨界融合和文化产业集群化发展的专业结构布局基本形成。学校明确提出教育发展新目标，大力推进课程建设。制定学校《"十三五"发展规划（2016—2020）》，为未来五年的发展描绘战略蓝图，提供行动纲领。该规划明确提出学校的奋斗目标是"经过五年建设，把学校建成国内一流，具有一定国际影响力的高水平特色学校，到 2020 年进入国内一流高职学院行列，2 个特色专业群进入全国高职学院同类专业群前列"。为了实现这个奋斗目标，学校卓越高职院校项目建设团队统筹规划、精心组织、狠抓落实，项目建设有序推进，成效显著。在全省高职学院激烈的竞争中，学校成功入选国家"十三五"产教融合发展工程规划项目，并获得 5000 万元国家财政专项支持。学校编制《实训室建设规划（2016—2018）》，努力改善实训条件，以专业群共建共享为依据，合理规划实训室建设的类型、功能和结构，首批立项的 40 间实训室建设全面启动。2016 年 12 月，学校被推选为湖南动漫游戏协会常务副会长单位，副院长雷珺麟当选为常务副会长。

2017 年，学校启动 37 间专业实训室建设，12 间卓越高职院校专业实训室通过验收。基于虚拟现实技术，采用国际最先进的"V"造型轨道机器人设备，学校投入资金 1300 多万元，完成集展示、体验、教学、生产于一体的全媒体综合实训室建设，开发出全媒体交互式演播室节目制作等实训课程，基本满足学生跨专业综合实训需要，为全媒体人才培养提供强有力的保障。是年，学校进一步健全专业结构动态调整机制。按照学院《专业布局调整规划（2015—2017）》，新增专业 1 个，停办专业 3 个。基于产业发展变化的专业设置与动态调整机制的逐步完善，专业结构布局日益彰显出媒介跨界融合、传媒产业集群发展的特点。通过编制 2017 级人才培养方案，使专业人才培养目标定位更加明晰、更加科学，为专业教师队伍建设提供合理依据。

2018 年，学校充分利用卓越高职院校建设契机，突出专业特色，持续推进特色专业群建设，新闻出版与广播影视专业群、动漫与艺术设计专业群、新媒体技术专业群立项为湖南省高职一流特色专业群建设项目，入围专业群数量排全省第二位。按照岗位要求，积极构建特色课程体系。紧密对接一流特色专业群建设规划与目标，按照岗位要求开展课程建设与课程诊改。引入信息化教学手段优化课程授课方式，全面开展在线开放课程建设。按能力递进认知规律，形成"递进式"模块化专业群特色课程体系，建设优质课程 34 门，整体课程体系实现全面优化，课程内涵建设取得重大进展。增设网络新闻与传播专业、数字媒体艺术专业，构建"基地+内容产品"的人才培养模式。在一流特色专业群中有1门专业课程获得国家精品课程立项，4门获批省级名师空间课程立项、2门获得省级精品在线开放课程立项，课程建设与改革取得新成效。

2019年，学校以内部质量保证体系诊改省级复核为契机，综合施策，有效推进特色专业群建设。投入经费400多万元购置教学设施设备，投入资金1016万元新建10间实训室。加强实践教学，制定《学生实习管理办法》，实践性课时占比超过50%。开发诊改平台系统，推进专业诊断与改进。完成拟招生专业申报备案及新设专业合格性评估。联合企业立项3个国家"1+X"证书制度试点项目，立项1个省级现代学徒制试点项目。推动全国传媒职业技术教育联盟第二次全体会议的召开。新增湖南娱乐频道等15家实力强、影响力大的校企合作单位。湖南卫视《新闻联播》等对学校专业建设的成效进行了专题报道。

五、不断深化教育教学改革

重视教改项目建设。2014年，学校教改项目按时通过验收。学校与浙江金融职业技术学院共同主持的国家教学资源库子项目金融服务礼仪课程资源中心、礼仪展示台特色型资源中心，以及学校参与的现代金融基础、银行授信业务、保险实务、金融服务营销等课程资源中心顺利通过验收。2011年度立项的3个省级"十二五"重点项目验收全部获得通过，其中计算机网络技术省级特色专业获得优秀等次。2007—2012年立项的院级教研教改课题中有11个课题顺利结题。

2014年，学校按照"准确定位、划分课型、分类实施、效果可测"的原则改革通识教育，提高学生的核心能力素养和学业质量。经过多次论证与修改，10门通识必修课程均制定出课程标准，尝试让单一的课堂讲授更多地被专题讲座、活动课程等教育形式所取代。在调整通识必修课课时结构的基础上,增设"活动课程"和"项目课程"。对思想道德修养与法律基础等5门通识课程增加实践活动课和学时,编制课程实践活动方案,组织实施"学生群体活动""智力与心理健康实践活动""思政课实践活动课程"等。项目课程建设进一步落实,金融管理与实务专业开设"大学生社会调查实践项目课程",出版与发行专业开设"移动出版物制作与推广项目课程",视觉艺术学院开设"动画剧本创作课程(带着故事去写生)",影视艺术学院各专业则举行"毕业展演",促使学生在真实的工作环境里,在完成工作任务的过程中培养专业能力、提高职业素养。

2016年,61门院级优质课程、31本专业核心课教材、6项专业教学资源库、60项教研教改课题获得学校立项。学校组织开展省级名师空间课程建设,职业教育信息化建设取得新成效。4门课程顺利通过验收,新增4门课程获批省级立项。组织教师参加职业院校信息化教学大赛,倪栋、申剑飞、肖慧3位教师组成的信息化教学团队获得全省比赛一等奖、全国比赛二等奖。举办学校第二届微课比赛,努力探索线上线下相结合的教学方式。在充分调研的基础上,修订完善《2016级人才培养方案》,重构基础共享、核心分立的课程体系和相应的实践教学体系。

2017年,学校确定"夯实基础、深化改革、提升质量"的教学工作总思路,着力加强教学基础建设,按照专业集群建设的要求,顺利启动新一轮人才培养方案的修订和实训条件建设。将教学质量管理关口前移,实行二级学院人才培养质量报告制度,聘请专业机构参与学校人才培养质量评价。通过修改和完善学生毕业设计管理制度,加强学生实践教学环节的管理。

2019年3月，学校与深圳职业技术学院、河北软件职业技术学院共同主持完成的《影视动画》专业教学资源库申报国家专业教学资源库，11月正式获批立项，并以全国排名第一入选2019年国家第二批职业教育专业教学资源库。这是"优质高职校"建设的重要指标之一，是学校办校成果积累、转换、深化产教融合的标志，是全国专业、行业的引领标杆，对推动影视动画专业的发展起到重要作用。

大力开发"专业技能抽查考试标准"。2014年，在进一步完善已立项开发的4个省级专业技能抽查考试标准的基础上，学校组织新的省级专业技能抽查考试标准申报，其中1项获得省级立项。同时，组织开展对15个院级专业技能抽查考试标准的开发。年底，在全省高职学院招生专业中，由学校牵头开发的专业技能标准达到20项。通过开发学生专业技能抽查考试标准，有力地促进了学校专业建设与课程体系改革，使专业人才培养目标及课程定位更加精准，对全省高职院校同类专业的建设起到了导向作用。

2015年，新媒体技术学院以中高职衔接项目为载体，打通中高职衔接的人才培养通道，初步构建技术技能型人才培养的"立交桥"。视觉艺术学院运用市场化实践教学项目，强化校企协同育人，实现产教深度融合。新闻传播学院将学生的创意能力培养植入到"DV作品制作大赛""记者风采大赛"中，努力实现以赛促练、以赛促教。影视艺术学院依托"演艺坊""声音工厂""'韶山之声'广播电台"等校内实训基地，构建起教学产品和文化产品双向转化、双向育人的培养模式。管理学院以省级专业技能抽查考试标准的开发为契机，强化学生技能培养和科学评价体系建设。国际传播学院以拓宽对外合作为手段，积极与国外大学联合，招录外国留学生。

全校教师按照"工学结合"的要求，以课程为中心，积极推动教学内容、教学方法的改革与创新，涌现出一批教学效果好、深受学生欢迎的优秀教师。

2019年，加快专业教学标准建设。专业群内各专业的就业率、专业技能抽查和毕业设计抽查合格率均达到优秀，在全省和国家职业技能竞赛中成绩显著，人才培养质量得到社会好评。

积极推进教学信息化建设。2014年，学校组织全体教师参与"教师空间资源建设竞赛"，70%以上的教师结合个人喜好和课程特点开设个性化栏目。全年新增个人学习空间3186个，新建21门空间优质课程资源，教学及专题视频浏览总数达250万人次，文字及其他资源浏览总数达360万人次。2017年，新增8门通识选修课程，完成1546门课程数据源信息采集，卓越职业院校建设院级优质课程及专业教学资源库建设取得成效。

2015年，强化智慧校园建设。学校要求教师在探索教学模式时突出能力本位。广大教师充分利用"校园广播电视台""动画梦工厂""校园数字出版社""声音工厂""演艺坊""3D工场""湖南广播电视台节目生产基地"等校内外实训基地，大力推行工学交替、任务驱动、项目导向等有利于增强学生职业能力的教学模式，突出学生综合能力培养。2019年年底，在智慧校园建设上，已经完成综合布线、校园网络系统、智能热水系统、一卡通扩容、数据中心等子项目建设，校园信息化基础设施有较大改善，实现教师和学生通过无线WI-FI上网，应用系统得到优化，数字资源逐渐丰富，学校师生通过知网查询、数字化图书、超星平台等进行泛在学习的需要逐步得到满足。

2019年，学校进一步打造智慧课堂。"影视动画""虚拟现实应用技术"获得全国教学资源库立项。另有2个省级教学资源库和5门省级在线开放课程获得立项。建设4个院级教学资源库，培育89门院级在线开放课程，开发院级线上线下混合式课程 300 余门。推广使用智慧职教、超星泛雅等信息化教学资源平台，构建"互联网+"课堂教学生态。

开展现代学徒制试点。2018 年，学校环境艺术设计专业获批湖南省职业教育现代学徒制试点专业立项。广播影视节目制作专业实验班按照"学生—学徒—准员工—员工""四位一体"的人才培养思路，进行了现代学徒制改革探索。同时，加强教学改革研究，学校 5 个省级教改项目顺利通过验收。

2017 年 12 月，学校隆重召开教学工作大会。上级领导、校外嘉宾和 423 名师生代表会聚一堂，全面总结学校教育教学改革取得的优异成绩，深入分析存在的主要问题，对优秀教师和优秀教学成果进行表彰奖励，对教育教学改革进行整体部署。通过专题讨论，收集到改进完善校院两级教学管理等教育教学改革的新思路、新举措 100 多条。学校提出的"教学工作是学校永恒的主旋律、教学质量是教学工作的生命线、教师是教学质量的根本保障"等观点，成为学校围绕教学中心继续深化改革的总基调。

2018 年，学校制定并实施《教风建设督查实施方案》，将师德师风纳入教师评价与考核。修订《教学督导工作条例》，重组教学督导团，实施校院两级教学督导，加强课堂教学测评，促进教学管理规范化。

2019 年，学校完成"李兵工作室"建设，新建"谭仲池工作室"。学校与湖南教育电视台签订校企战略合作协议，与芒果 TV 等传媒龙头企业共建两个校内生产性实训基地，与泥巴文娱、乐田智作联合开设编剧实验班和广播影视制作实验班。

在 2019 年全国职业院校技能竞赛教学能力比赛中，学校教师吕新艳、蒋丽芬、潘丹芬、李兵获得专业课程一组一等奖，文静子、申剑飞、倪栋等老师在此项赛事中获得二等奖。

六、人才培养质量持续提升

2014 年，学校积极探索"引企入教"，通过整合入校企业在设备、师资和项目方面的资源为教学和实训服务。影视艺术学院主持与播音专业与电台合作，承接电台节目制作。电广传媒系与电视台合作，大量承接栏目组的剪辑与包装、VCR 素材整理、跟拍、场记等工作。网络传媒系与企业共同成立网站工作室，从事产品研发与市场推广工作。传媒管理系与企业在课程教学、课题开发、教学改革、教材编写、校企员工培训等方面进行合作。视觉艺术学院加强与政府和行业的联系，成功承办湖南省首届大学生公益广告大赛，参与湖南省信访局公益广告的制作。全年共有 31 名学生在"韶山之声"电台进行为期一个学期的顶岗实习，15 批 262 名学生赴湖南金鹰纪实频道顶岗实习，46 名学生参与湖南卫视《汉语桥》栏目组、《舞动奇迹》栏目组、湖南国际频道《湘当韵味》栏目组、青海卫视《第一次任务》栏目组的准记者工作，承担宣传与报道任务。是年，以学校教授雷珺麟为总导演的动画电影《少年毛泽东》荣获湖南省第十二届精神文明建设"五个一工程"优秀作品奖。

职业院校技能大赛是检验学生专业技术水平和学校人才培养质量的重要平台。2014 年，学生参加省级和全国 15 个大类、45 个项目的专业技能竞赛，229 人次获奖，学校获组织奖和团体奖 2 个。

在 2015 年全省高职院校首次毕业设计抽查中，学校学生抽查合格率为 100%，取得总分全省第三位的好成绩。学校 2015 年高职教育年度质量报告在全省获得优秀等级。全年学生参加各级各类竞赛 27 项，获得一等奖 3 项、二等奖 9 项、三等奖 15 项，其中新闻与传播学院的学生作品《梦里奔塘》，在"2015 全国公益视频大赛"中荣获最高奖项——"金芒果奖"，在 125 所参赛高校中，学校成为唯一获此殊荣的高职院校。新媒体技术学院的学生团队在 2015 年全国职业院校技能竞赛高职组"信息安全管理与评估"项目竞赛中荣获团体二等奖，视觉艺术学院的学生作品《玩转东南西北》在第六届全国大学生广告艺术大赛中获得二等奖。

2015 年 4 月 30 日，由学校珺影映画工作室承制、学校师生参与创作的革命历史题材动画电影《少年毛泽东》在全国院线公映，2016 年起该片在中央电视台电影频道反复播放。

2016 年，学校学生在全国和省级比赛中捷报频传。在全国职业院校技能大赛中，新媒体技术学院由石海赟、谭紫杨、陈建军 3 名同学组成的"信息安全管理与评估"代表队夺得全国一等奖，视觉艺术学院的肖挺、邹城两名同学分别获得高职组动漫制作项目三等奖。在 2016 年湖南省职业院校技能竞赛中，学校共获得一等奖 6 项、二等奖 4 项、三等奖 4 项，取得总分全省排名第七位、一等奖全省排名第二位的历史最好成绩。在全省高职院校毕业设计抽查、职业技能抽查中，学校均排名全省前列。是年，学校学生在各类行业、协会组织的重大比赛中获得诸多荣誉。

2017 年，在全国和全省职业院校技能竞赛中，学生获得全国一等奖 1 项、全国二等奖 2 项、省级一等奖 3 项、省级二等奖 4 项、省级三等奖 6 项。在 2017 年全省高职院校毕业设计抽查中，学生毕业设计合格率为 94%。在全国大学生广告艺术大赛、全省高校师生微宣讲比赛、全省大学生艺术展演、全省首届职业院校公益视频大赛、全省社会主义"有点潮"主题演讲总决赛、新湖南微电影大赛等一系列重大比赛中，学校争金夺银，频传捷报。

2018 年，学校学生在省级技能竞赛中获奖的数量和等级有大幅度提升，共获一等奖 7 项、二等奖 11 项、三等奖 8 项，在全国技能竞赛中获一、二等奖各 1 项。是年，学校附属小学（星沙实验小学）育人成效显著，师生获得省市级以上奖励 126 人次。

2019 年，学校学生毕业设计抽查合格率达 100%，位居全省前列。学生参加技能竞赛获全省一等奖 11 项、二等奖 11 项、三等奖 9 项，获全国二等奖 3 项，创造历史最好成绩。学校附属小学（星沙实验小学）师生 99 人次获得县级以上奖励。

七、提高大学生思想政治工作水平

重视学风建设。2014 年 5 月，学校召开学风整顿专题研讨会，分析学生教育管理现状，探讨科学管理的方法与途径。6 月，学校召开学风整治工作动员大会，对全面整治学风进行部署，学风整治工作全面展开。学校借党的群众路线教育实践活动的东风，成立学风整治工作领导小组，由一名学校院长助理专门负责具体工作，制定实施《学风整治方案》，坚持"问题导向"，实行"三周一轮"的学风整治机制，积极推进学风整治常态化。实施大学生成长性自我评价，学校组织力量开发《大学生成长性评价指标体系》，为学生健康成长提供参照，使学生学习生活有目标、行为改善有方法、自我进步有对标。是年，借阅或购买专业书刊 6 本以上的学生达 96%，学生受处分率低于 2‰，校园内无一例重大安全事故和群体性违纪事件，学风好转逐见成效。

推进思想政治教育进课堂。2016 年，学校以习近平新时代中国特色社会主义思想为指导，深入推进"两学一做"学习教育常态化、制度化，采取表彰与监督并重的措施，引导教职工争做有理想信念、有道德情操、有扎实学识、有仁爱之心的"四有"好教师。

2017 年，学校将立德树人细化到每一门课程的教学工作中，着力解决思想政治课的针对性、实效性问题，推动党的十九大精神进教材、进课堂、进头脑。组织学生开展富有传媒特色的"随手拍、大家评"社会主义核心价值观主题教育活动和"情牵脱贫攻坚"主题实践活动，锻炼师生意志，磨砺师生品质。

扎实推进辅导员队伍建设，加强学生管理一线教师的培养。2016 年，推荐 16 名辅导员参加省级专题培训，举办 2 次辅导员工作主题沙龙，组织 3 次学生管理人员到兄弟学校交流与学习，成功举办学校第五届辅导员职业能力大赛。2017 年，举办第六届辅导员职业技能大赛，辅导员职业能力得到提升。

2018 年，学校举办学习贯彻党的十九大精神培训班，召开学校思想政治工作会议，开展"学习新思想千万师生同上一堂课活动"，成立湖南省高职院校首家习近平新时代中国特色社会主义思想研究所，深化实施高校"青年马克思主义者培养工程"，《湖南日报》等主流媒体刊发了学校师生学习研究的成果。继续深化思想政治课专题教学改革，推动专业课程的"课程思政"建设。将社会主义核心价值观贯穿校园文化活动，师生积极参加"习近平新时代中国特色社会主义思想'天天见''天天新''天天深'"系列主题活动，并在各级各类微宣讲比赛中频获佳绩。

2019 年，学校推动"三全育人"综合改革。制定并实施《领导干部深入基层联系学生工作实施办法》和《课程思政实施方案》，推进课程思政改革，引导专业教师挖掘专业课程的思政教育元素，实现全员参与、全过程覆盖、全方位协同育人。12 项"课程思政"教改课题获得院级立项，将"育德效果"作为课程评价指标，纳入专业技能抽查考试标准，巩固课堂教学在思政教育中的"主阵地"地位。举办辅导员素质能力比赛，开展辅导员优秀工作案例评选，组织思政课教学竞赛，思政课专任教师获得首届全国高职院校思政理论课教学竞赛一等奖，思政课教师团队获得省赛二等奖 5 个。学校选送的作品《天道》荣获"我心中的思政课"全国高校微电影大赛三等奖。学校获得全省"三全育人"综合改革示范院（系）以及课程育人等 3 个省级高校思政工作精品项目。

做好学生服务工作，增强学生获得感。学校牢固确立学生是学校主体的办学理念，处处以学生为本，真心关爱学生，努力建设文明和谐校园，为学生健康成长创造条件、做好服务。在做好后勤服务与保障工作的同时，积极为学生排忧解难。2014 年，学校发放学生助学金 547 万元，惠及 1824 名学生；为 427 名学生办理生源地贷款回执录入手续，共计 285 万元；设立教育阳光服务中心，为学生提供"一站式"服务。

2015 年，学校首次开展贫困生走访工作。派人走访省内 6 个地、州、市的 25 个特困学生家庭，发放困难补助 2.5 万元。向学生发放奖、助、贷、补资金 1300 余万元，奖励、资助贫困学生 4007 人。

2016 年，学校走访 31 个特困学生家庭，发放困难补助 6.2 万元。发放奖、助、贷、补资金 1000 多万元，受到奖励和资助的贫困学生 4359 人。开展新生适应性教育和心理健康教育。学校心理健康教育咨询室对 3522 名新生进行心理健康普查，预警回访学生 350 名，接受学生心理咨询 105 人次，处理心理危机突发事件 6 起，处理学生投诉 128 件。

2017 年，学校建立困难学生档案，发放学生奖助贷补资金 1500 余万元。设立"禾立助学基金"，开通"教育阳光网络服务平台"，逐步建立起比较完善的贫困学生资助体系，缓解家庭贫困学生在学习、生活上的压力，帮助学生完成学业。

2019 年，学校拓宽资助渠道，加大帮扶力度。为 3533 名学生建立家庭经济困难学生档案，为 707 名七类特困学生建立档案。分类发放国家奖学金、国家助学金、学校奖学金、专项奖学金、禾立助学金、特困生补助、勤工俭学补贴等学生奖助贷补资金 1900 万元。2930 名学生获得国家奖学金、励志奖学金和助学金，共计金额为 10331500 元。1528 名学生荣获学校普通奖学金和专项奖学金，共计 1557400 元。完成生源地贷款 760 人，到账 5867050 元。设立 60 个勤工俭学岗位，学生通过劳动获得收入 133000 元。资助应征入伍服兵役学生 74 人，共计补偿 1003700 元。学校完善学生公寓智能供电、热水系统以及自来水管网系统升级改造。完成主校区电力增容，并为学生公寓配置空调 2550 台、洗衣机 1672 台，学生住宿和生活条件得到明显改善。

提高学生日常管理质量。2015 年，为进一步规范学生日常行为管理，学校开始大力推行"文明寝室"创建活动。针对学生寝室问题多发的特点，学校狠抓寝室卫生、寝室秩序的管理，促进学风好转。全年评选出 100 间文明寝室，督促整改 200 余间脏乱差寝室。以"文明寝室"创建活动为抓手，以评促建，以建促管，组织开展各类学生宿舍文化活动，文明寝室创建与学生宿舍文化建设并举。将学生宿舍文化建设、平安校园建设和日常思想政治教育有机结合，全年集中开展 13 次全校规模的以"创建平安校园"为主题的安全教育活动。

2016 年，学校进一步提升学生文明寝室创建活动质量。通过制度规定，将文明寝室创建作为学生个人和班级评先评优、学生入党的重要条件，广大学生对文明寝室的创建工作日益重视，自觉参与的热情高涨。全年评选出文明寝室 200 间、最美寝室 40 间，督促整改脏乱差寝室 100 余间，学生遵章守纪和寝室卫生状况成效明显。

2017 年，学校以管理育人为抓手，修订完善学生管理制度，建立学生工作例会制度，形成学生工作齐抓共管局面。严肃考风考纪，学生违纪率降至历史最低。评选"三好学生""优秀毕业生"300余名，引导学生学习榜样，争当先进，促进学风、校风进一步好转。

2018年，学校辅导员队伍建设进一步加强。招聘12名专职辅导员，选任11名兼职辅导员。举办辅导员沙龙，组织辅导员技能培训和经验交流。遴选辅导员参加全省高校辅导员素质能力大赛，两名辅导员分获全省"高校辅导员年度人物"提名奖、"辅导员工作研究与实践百佳个人"。开展评选"十佳学风班级""十佳学风寝室""百佳学习达人""文明寝室"活动，严格执行课堂管理"三带七禁"，对严重违纪学生进行学业警示教育，全校平均到课率保持在90%以上，一半以上班级到课率达95%，学习风气明显改观。

2019年，实施分类分层教育，构建全方位全覆盖的学生管理模式，激发学生成长成才内生动力，学风呈现新气象。全年通过构建"三级课堂监控体系"，切实提高学生到课率。全校平均到课率达96.55%。各二级学院通过有针对性地重点培育一批学风典型，营造浓厚的比学赶超的学习氛围。评选出数字媒体应用技术1804班等"十佳学风班级"、学生公寓一区C栋108寝室等"十佳学风寝室"、遵守学习纪律、专业技能突出、平均成绩保持在90分以上的黄梦欣同学等100个"学习达人"。375名同学获评三好学生，30个学生班级获得优秀班级，228间学生寝室被评为文明寝室。

八、师资队伍建设迈上新台阶

2014年，学校提出"人才强校"战略，按照"着力培养、适量引进、重视兼职、关注结构"的思路，狠抓师资队伍建设，着力提高教师的综合素质和专业能力。全年公开招聘引进新教师8名，聘请行业企业兼职教师 163 人，使兼职教师专业课授课比例稳定在 50%。全年选派 142 人次参加省内外各类业务培训，6438 人次参加校内岗位培训。为了帮助青年教师提高科研能力，学校增设"双主持人制"的传帮带特色课题 15 个，由具有丰富科研经验的教授、博士担任指导师和第一主持人，1 名青年教师担任"平行主持人"，学术骨干与青年教师结成学习型团队，以老带新，既带思想作风和学风，又传授研究方法和技能，共同提高教师队伍专业水平。《三湘都市报》、湖南教育网等媒体对学校的这一工作经验进行了宣传报道。强化师德师风建设，出台《教师师德师风失范惩处办法》《教师退出教学岗位办法》等制度，开展师德师风专项督查，促进师德师风明显好转。全年共选派 51 名教师参加校外学术交流活动，拓展学术视野，提升学术水平。

2014 年起，学校开始加大学术评价机制建设力度，利用学术评价机制改善"内部治理"，努力提高人才培养质量。学校先后开发并实施《教师工作评价》《课程水平评价》《专业建设评价》《二级学院、系（部）工作评价》《教师教学能力评价》《辅导员履职能力评价》等一系列评价标准。通过量化指标体系，为教学系（部）工作、教师职业发展以及青年教师成长提供参照系和正确导向，促进行政手段考核向教师自我评价转变。重视教学团队建设，全面推进名师工作室建设，加大专业带头人和骨干教师的培养力度，整体推进专业教学团队的建设。

2015 年，公开招聘新教师 20 人，新增省级青年骨干教师 2 人。学校第一次独立、圆满地完成 2014 年度副高及以下技术职称评审工作。新晋正高职称 4 人（通过省内评审）、副高职称 20 人、讲师 25 人，教师队伍的职称结构、学缘结构、年龄结构得到优化。大力推进"教师专业能力与教学水平提升计划"，教师培训力度空前增强，共组织 253 名专任教师参加省内外各类培训，组织三批次 28 位教师赴全国 6 省 11

所高职院校学习、取经，每人提交学习考察报告。

2016 年，全年公开招聘新教师 19 人，新增国内访问学者 1 人、省内访问学者 5 人、省级青年骨干教师 3 人。学校自主完成 2015 年度职称评审工作，新晋升副高职称 14 人、讲师 16 人。继续推进"教师专业能力与教学水平提升计划"，选聘 19 位教学科研能力突出的教师担任新教师的导师，采用"师徒制"模式，帮助指导青年教师快速成长。组织 221 名专任教师参加国内外各级各类培训，组织 83 名教师赴省内外高职院校考察学习，教师在专业建设、课程建设和教学工作方面的能力进一步增强。

2016 年，学校建立 70 人组成的教授委员会"专家库"。教授委员会专家全年组织评审课题、项目 243 项，教授委员会委员全年听课 570 节，组织召开教学情况通报会 2 次，编印教学督查简报 10 期，"教授治学"得到落实。"教代会"提案回应机制进一步完善。是年，"教代会"提案立案 23 件，反馈落实 22 件，"教代会"代表和工会会员的民主监督、民主管理得到保障。

2017 年，学校进一步加强高端人才引进和自主培养力度。修订完善《高层次人才引进管理实施办法》，出台《高层次人才津贴实施办法》，特别注重引进有专业实践经验的高层次人才。学校聘任湖南广播电视台著名节目主持人李兵为影视艺术学院院长。采用多形式结合、多途径交叉的办法，培养专业带头人、骨干教师 100 余人。新增国内访问学者 3 人，选派 11 名教师赴国外参加职业教育理念专题培训，组织 78 名专业教师到企业进行实践性锻炼，以工作室为平台，提高教师"双师"素质。建立健全师德师风考评机制，30 名优秀教师获得学校表彰。

2017 年下半年，学校以专业群建设为依托，调整优化各二级学院领导班子配备，提拔一批年轻有为的专业教师担任二级学院领导，为推进校院两级管理提供强有力的组织保障。

2018年，对新进12名专任教师进行岗前培训，选派国内访问学者5人，选派专业带头人、骨干教师52人次赴德国、美国、新加坡开展学术交流。通过省内评审，新增正高职称3人，学校自主评审新晋升副教授14人。开展专职教师职业能力培训周活动，组织专职教师利用暑期到企业参加专业实践。在全省职业院校技能竞赛教师职业能力比赛中，学校教师荣获一等奖3项、二等奖2项、三等奖1项。

2019年，公开招聘新教师31名，调入教师2名。实施《专任教师职业能力提升行动计划（2019—2022年）》，投入经费216万元，培训专任教师109人次。选派国内访问学者4人，新增省级青年骨干教师4人。新晋升教授1人，副教授3人。开展专任教师技能素质竞赛，在湖南省职业院校技能竞赛教师职业能力比赛中，学校专任教师团队获得一等奖2项、二等奖1项、三等奖5项，获得全国职业院校技能大赛教学能力比赛一等奖1项、二等奖1项。修订《辅导员队伍建设管理办法》，打通辅导员晋级晋升渠道，共有262人通过教师系列或政工系列技术职称晋级，师资队伍活力进一步激发。

这一年，学校实施"创新型专业教学团队建设计划"，推进教师分层分类培养。建成18个工作室，34个专业教学团队，建立起500人规模的具有较高学术造诣和丰富实践经验的兼职教师资源库，师资队伍结构进一步优化，整体素质不断提高。

九、科研与社会服务由"量的增长"向"质的提升"转变

2014年，学校科研成果数量显著增加。教师在公开刊物上发表论文385篇，较上年增加13.2%，其中在核心期刊上发表论文38篇，38篇论文被四大检索、人大复印资料全文转载或索目，较上年增加52%。

出版专著 2 部，编写出版教材 35 本、教辅资料 1 本。科研成果质量全面提升，全年共有 114 项科研成果获奖，其中获国家教育资源库课题建设成果奖 1 项、省级科研成果奖 2 项、各级学会获奖 106 项。同年，获得省厅级纵向课题立项 31 项，实现到账经费 21.7 万元。完成课题结题 36 项，获得专利 11 项。教师荣获国家教学成果一等奖 1 项、二等奖 2 项，学校实现全国教学成果奖零的突破。电广传媒系熊雯婷老师参加全省专业负责人说专业竞赛，获得省级二等奖。与国家教学资源库建设相关的 12 篇教研教改论文在全国获奖，其中一等奖 1 项、二等奖 4 项、三等奖 7 项，学校获得优秀组织奖。

2014 年，学校成立"王宏摄影工作室""金麟影视工作室""数码网络设计工作室"，这 3 个院级工作室具有稳定的项目来源和良好的社会影响力，学校服务社会的能力进一步提升。学校受聘为长沙县科技特派单位，并与长沙县开慧镇签订战略合作协议，为"美丽乡村""初恋小镇""生态文化工程"等项目建设提供决策咨询、方案设计、技术服务、人员培训、文化传播等服务。学校承接并顺利完成全省广电行业员工技术等级岗位培训、非洲法语国家影视传媒管理与品牌运营研修班、发展中国家影视传媒班等培训项目。学校继续教育中心面向长沙县中小学举办各类培训班 9 期，参训教师达 2233 人次，被湖南省教师发展中心授予 2014 年度"教师远程培训实施工作先进单位"。学校先后与长沙市信息职业技术学校、祁阳职业中专、洞口县职业中专、汨罗市职业中专达成合作意向，在专业建设、课程设置、技能竞赛等方面提供支持和指导。

2014 年 8 月，学校附属小学（星沙实验小学）被评定为长沙县创新型学校。随着星沙实验小学办学质量的日益提高，每年要求入读的学生越来越多。2015 年和 2016 年，长沙县委、县人民政府均希望星沙实验小学每年在一年级招生时增加 2 个班额，扩大一年级新生的招生数量，帮助政府缓解县城基础教育的压力，学校指示星沙实验小学积极响应，配合落实。星沙实验小学采取有效措施，挖掘潜力为社会服务，顺利完成扩招任务。至 2017 年下学期，星沙实验小学学生班级数由 24 个增加到 28 个。

2015 年，学校立项省部级、厅级课题 45 项，比上年增长 15%；实现到账经费 77.7 万元，比上年增长 130%，课题立项数量和到账经费实现 "双增长"。教职工公开发表论文 365 篇（核心期刊 44 篇，在 CSSCI、CSCD 核心期刊上发表论文 20 篇）。出版专著 3 部，编写出版教材 38 本、教辅资料 2 本，取得专利 65 项。社会服务开始由 "分散管理" 向 "品牌培育" 发展，完成社会服务项目 208 项，实现到账经费 1080 万元。学校成功协办 2015 年湖南省黄炎培职业教育创业大赛，得到湖南省委、省政府以及参赛师生的高度评价，学校获得 100 万元的项目资助和奖励。是年，由视觉艺术学院师生制作的动画电影《少年毛泽东》在全国 4000 家影院同步上映，社会反响热烈。影视艺术学院创作演出的儿童剧《邋遢大王奇遇记》第一次尝试商业性演出，在湖南大剧院公演 13 场。影视艺术学院邓丽萍老师在长沙市岳麓区莲花镇牵头成立湖南省第一支农民合唱队，并运用自己的专业知识义务执教，丰富当地农民的文化生活，创新社会主义新农村建设的文化内涵。邓丽萍老师努力践行社会主义核心价值观的先进事迹被《光明日报》、湖南教育电视台等主流媒体广泛宣传报道，提升了学校的品牌价值。2015 年，学校获得长沙县 "知识产权示范院校" 立项。

2016 年，学校教职工公开发表论文 370 篇（核心期刊 26 篇），编写出版专著 2 部，编写出版教材 25 本。获得省（部）、厅级课题立项 35 项，申请专利 66 件，获得专利 43 项，其中取得发明专利授权 1 项。

完成各类社会服务项目 167 项，与企业签订 8 项专利技术合作合同，成功实现成果转化。学校分别承办或协办湖南省职业教育宣传周启动仪式、湖南省公益广告大赛、湖南省大学生微视频大赛、湖南省黄炎培职业教育奖创业规划大赛等一系列具有广泛社会影响力的活动。大力开展教育扶贫活动，支持和指导湖南省新晃县职业中专、新疆吐鲁番职业技术学校、青海省海北州民族职业技术学校努力改善办学条件，提高办学质量，有效发挥学校作为"中西部地区教育顾问单位"应有的示范引领作用。

2017 年，学校教职工发表学术论文 416 篇（核心期刊 21 篇），出版专著 8 本，编写出版教材 43 本，取得专利 25 项（发明专利 1 项）。省（部）、厅级科研课题项目立项 38 项（获批的省部级项目 4 项）。课题到账经费同比增长 217%。学校承接的全国广播电视编辑记者、播音员主持人资格考试、全国职业院校内部质量保证体系诊断与改进高级研修班、长沙县农民大学生培养计划等考试培训项目，均获得好评。是年，学校附属小学（星沙实验小学）顺利通过长沙市市级标准化学校评估，在长沙县教育系统年度评估工作中获评优秀。学校积极开展帮助学校对口扶贫村湖南省溆浦县平溪村 3 户家庭脱贫工作。师生共捐款 5.8 万余元支持"我想有个家"安居工程。

2018 年，学校教职工发表论文 311 篇（核心期刊 14 篇），出版专著 5 部，编写出版教材 47 本。获得专利 15 项（发明专利 3 项）。48 项科研项目获得省（部）、厅级立项。向学校周边社区开放"演艺坊·声音工厂"，为地方文化教育服务。对口支援新晃县职业中专成功入选湖南省教育厅精准扶贫典型项目。选派骨干教师支持指导新疆吐鲁番职业学院开展专业教学，与溆浦县签署"以购代捐"校农合作框架协议，对口帮扶横路村 4 户家庭脱贫。

2019 年，学校加强"创新引领"，科研服务能力大幅提升。修订《科研项目管理办法》，实行科研工作校院两级管理，提高高层次、高质量科研成果资助比例和奖励标准，规范科研经费使用。学校教职工发表论文 256 篇（核心期刊 21 篇）。出版专著 12 部，编写出版教材 52本。获得专利 14 项。立项省（部）、厅级课题 34 项。获得省（部）级科研成果奖 30 项。承接省级和全国中职文体专干培训等项目，培训学员 17567 人次，到账经费 300 多万元。继续承办全省大学生公益广告大赛等具有广泛影响力的活动，持续开展"雅韵星沙、周末有戏"等文化惠民服务，丰富社区文化生活，圆满完成与溆浦县的"以购代捐"合作协议，签订"消费扶贫"合作协议。选派 1 名骨干教师对口支援新疆教育事业。承办湖南省第五届大学生公益广告大赛取得成功。

十、招生就业创业工作取得新突破

2014 年，录取全日制新生 3601 人，报到人数 3137 人，报到率为87.11%。继续教育办学规模不断扩大，在籍学员达到 1057 人。学校积极响应国家"大众创业、万众创新"的号召，坚持就业与创业并重，制定《大学生创新创业教育实施方案》，实施"原创强校"战略，着力培养学生的创新意识和创意能力。制定《毕业生就业创业服务制度》，为学生就业创业提供政策、经费、场地、信息等全方位的支持。学校和各二级学院共举办各种人才招聘会 103 场，邀请 277 家用人单位来校招聘，为学生提供就业岗位 3579 个。同时，采取向校企合作单位推荐就业的方式，为 2000 多名毕业生解决就业问题。2014 届毕业生初次就业率达 84.23%。

2015 年，学校录取全日制新生 3676 名，报到新生 3425 人，报到率达 93.17%。学校文、理科录取分数线均比往年有较大幅度提高，学校生源质量持续改善。着力改革就业创业课程体系，强化课堂教学，将创业基础、就业指导列为必修课，分别按照理论课与实践课各占 20 学时、各占 1 个学分的标准纳入人才培养方案。通过校内生产性实训来培养学生的职业能力，逐步建成校园广播电视台、动画梦工厂、演艺坊、声音工厂、校园数字出版社等五大教学创意中心。学校与省内 20 所高中签订《优质生源基地协议》，生源基地建设初见成效。中国传媒大学和浙江传媒学院艺术类专业湖南考点首次共同设立在学校，为提升学校知名度和影响力开启新的宣传窗口。在湖南省黄炎培职业教育创业大赛中，视觉艺术学院学生曹杨领衔的《动漫甜点微店——闹闹家的好物店》进入决赛并荣获二等奖，实现了学校学生在此项赛事奖项零的突破。主持与播音专业毕业生王利华，于 2015 年创办惟盛教育科技公司，企业员工 20 多人，均为学校的毕业生，发挥了校友创业带动就业的示范作用。2015 届毕业生初次就业率达 88.47%。

2016 年，学校录取全日制新生 3792 人，来校报到 3522 人，报到率为 92.88%，新生入学人数创历史新高。文理科录取分数线继续稳居全省高职院校前列，主持与播音、节目编导和摄影摄像 3 个专业的录取分数线为同批次同专业全省最高。学校制定《"双困生"帮扶实施办法》，建立就业困难贫困家庭学生信息库，实行"一对一"帮扶，有针对性地加大就业指导、就业推荐工作力度，帮助落实就业岗位，成效明显。在湖南省"互联网+"大学生创新创业大赛中，学校学生创建的"来福幼儿安全智能管理系统"从全省 117 所高校 1 万多个项目中脱颖而出，获得创意组三等奖，学校实现此项赛事奖项上零的突破。在湖南省黄炎培职业教育创业规划大赛中，学校学生创建的"邑林居设计装饰有限公司"获得二等奖。学校被评为"湖南省高校就业创业工作'一把手工程'督查优秀单位"。是年，山西传媒学院艺术类专业湖南考点设立在学校。2016 届毕业生初次就业率达 90.92%。

2017 年，学校录取全日制新生 3829 人，来校报到 3550 人，报到率为 92.71%，高考统招录取分数线继续位居全省高职院校前列，学校文理科录取最低分数线比上年分别提高 18.07% 和 52.77%。学校加大宣传力度，帮助学生树立正确的就业观、择业观，鼓励、引导学生到中小微企业和县域经济体就业，支持学生到农村建功立业。电子商务专业毕业生杨莉萍，读书期间曾到湖南省新晃县职业中专学校支教，毕业后自愿留在该校任教，教育部官网对她的事迹进行了宣传报道。2017 年，学生在"挑战杯"省直高校创新创业创效大赛中获得金奖 1 项、银奖 1 项、铜奖 4 项。

2018 年，学校录取全日制新生 4259 人，来校报到 3978 人，报到率为 93.40%。学校单招报名人数创历史新高，报名人数居全省第二位。学生毕业设计抽查合格率达到 100%，被湖南省教育厅评定为优秀等级。学校充分利用"互联网+就业"的信息技术手段，搭建和微信同步的一体化信息服务平台，向毕业生精准推送就业信息。在校内成功举办湖南省文化创意类高校毕业生供需见面会、湖南知名企业联合校园招聘、长沙县就业创业人才服务季校园招聘等，经过《三湘都市报》、红网、湖南教育电视台、湖南省毕业生就业网等媒体报道，社会反响热烈。在中国教育在线开展的高校大数据年度评选中，学校被评为"2018 年湖南省五大就业关注度高职院校"。是年，学校进一步完善大学生创新创业孵化基地系列管理制度，"传媒艺术之星""功夫雪狼""湖南绘奇艺文化传播有限公司"等 7 个创业项目入驻孵化。学校积极邀请知名专家、优秀校友来校举办就业创业知识讲座，先后邀请中国华录集团北方华录文化科技有限公司湖南分公司总经理旷裕国博士，赢正研习社创始人（社长）、阿里云创新中心等多家创客空间的专家胡绍宏老师以及艺树人教育集团创始人、董事长甘虎等来校为大学生传经送宝。学校积极组织学生参加各类大学生创新创业竞赛活动。2018年，学生累计参赛710人次。是年，学校毕业生3223名，初次就业率达89.48%，高于全省平均水平。

2019年，学校积极响应国家高职扩招要求，挖掘办学潜力，全日制学生招录创历史最高纪录。单招考生报名人数，参加考试人数，录取人数均创新纪录。4838名考生报考学校单招，3408名考生参加考试，1559名考生被录取。学校文理科统招分数线均排名省内高职院校前五名。全年共招录全日制新生4328人，实际报到4046人，新生报到率达93.48%。完善"12345创新创业工作体系"，提高就业创业指导水平，规范就业创业服务，拓宽就业创业渠道，举办全省文化创意类高校毕业生大型供需见面会和网络招聘会，实施就业困难帮扶，发放就业补助38万余元。2019年学校毕业生3390名，初次就业率达87.85%。新增1所对口专升本院校，199名学生实现专升本。加强创新创业孵化基地建设，学生参与创新创业大赛的人数和项目数均创历史新高，学生团队获得湖南省"互联网+"大学生创新创业大赛一等奖。学校被评为全省高校大学生创新创业孵化示范基地，学校荣获全省高校就业创业工作"一把手工程"优秀单位称号。2019年3月，视觉艺术学院与湖南师范大学工程与设计学院联合申报视觉传达设计专业本科层次免费定向职业教育师范生培养计划，2020年1月由湖南省教育厅正式发布招生计划。

十一、对外合作拓展提质

2014年，学校成功协办第十三届"汉语桥"世界大学生中文比赛，完成国家汉办委托的2014年赴泰国、印尼等国家汉语教师志愿者选拔考试工作。学校先后与美国教育中心、美国加州圣塔罗沙商学院、菲律宾 YWA 人力资源集团等境外机构进行商谈和合作，签署了备忘录和合作协议。

初步建立联合培养人才的国际通道。2015 年，学校与美国、澳大利亚、泰国等 8 所境外学校与机构开展合作与交流。在"一带一路"沿线国家申办孔子学院的工作开始启动，基本完成申办孔子学院的前期调研、方案设计等工作。成功协办第十四届"汉语桥"世界大学生中文比赛，来自 97 个国家的 133 名选手在学校演播大楼参加比赛。与此同时，学校师生打造的"汉语桥"APP 新媒体平台正式上线运行，汉语桥的品牌价值和学校的国际影响力同步提升。赛事成功举办，得到中央电视台、中央人民广播电台、新华社等多家主流媒体的充分肯定。

学校的办学经验和办学成果被政府、社会、媒体高度关注。2015 年，时任湖南省人民政府副省长李友志到学校视察，对学校的发展给予高度肯定，同时，对学校提出的多项发展请求给予大力支持。境外 8 所高校和 38 所国内高校派人来学校访问，开展校际交流。《光明日报》《湖南日报》、中青网等主流媒体对学校的办学成果进行多层次的宣传报道，学校的社会影响力和品牌美誉度持续增强。

国际交流与合作进一步深入。2016 年，学校与 10 所国外学校与机构开展合作与交流，美国圣地亚哥郡郡长罗伯茨先生、斯里兰卡专家苏达森教授来校访问。学校立项开发"文化创意与策划"高职国际化专业教学标准，为国家文化产业培养国际交流人才确立了职业标准。是年，学校招收来自南非、马达加斯加、塞内加尔等国的 6 名留学生，留学生的培养与管理逐步规范。成功协办第十五届"汉语桥"世界大学生中文比赛，来自 108 个国家、127 个赛区的 146 名选手参赛，参赛国家、参赛选手数量均创历史新高。学校第一次独立完成"汉语桥"赛事的宣传报道工作，得到国家汉办和权威媒体的高度评价。中央人民广播电台、新华社、《光明日报》等30多家主流媒体对第十五届"汉语桥"比赛活动进行了跟踪报道。2016年6月，根据国家汉办和湖南省人民政府指示，国际汉语言文化传播基地转为学校下设机构。此举更加有利于学校调配资源，为"汉语桥"赛事的举办提供更好的服务，提高国际汉语言文化传播工作的质量。

2017年，学校先后与英、美、德等国家的多所高校开展教学交流。签署合作备忘录，招收"一带一路"沿线国家学生5名，推荐9名学生暑期赴美带薪实习。承接并完成非洲法语国家影视传媒管理与品牌运营研修班国际培训项目，学校与相关国家在广播影视教育培训方面的合作更加紧密。国际汉语言文化传播基地与美国高校联合开发的汉语国际教育推广教材，参加了孔子学院大会的教材展，学校在汉语国际推广传播中发挥了积极作用。学校与泰国、南非等国家的高校洽谈共建孔子学院，与美国高校达成联合申办孔子学院意向。在学校演播大楼举行的第十六届"汉语桥"世界大学生中文比赛，吸引了112个国家的145名选手参赛。学校自主策划举办的"汉语桥"比赛入湘十周年成果展受到国家汉办、中共湖南省委、湖南省人民政府、湖南省教育厅领导的高度赞扬。《人民日报》、香港《文汇报》等境内外媒体对"汉语桥"赛事进行了全方位、立体化报道，使学校品牌得到较好提升。

通过深化产教融合，积极开展校企合作和校际合作。2018年，学校与芒果互娱合作创办电子竞技运动与管理专业，主动对接马栏山视频文化创意园建设，与湖南卫视国际频道联合打造文化创意栏目《马栏山上课了》。学校与湖南省演艺集团等大中型企业签订校企合作协议，与宁夏职业技术学院签订合作协议书，聘请"李自健美术馆"馆长李自健为学校"荣誉教授"。

2018年12月，学校依托湖南广播电视台等省内外传媒机构，牵头组建拥有 31 家成员单位的全国传媒职业教育联盟，并当选为理事长单位。学校与传媒类高职学院共同推进 10 大类专业群产教融合和协作，湖南卫视、《湖南日报》等媒体对此进行了报道。

2018 年，学校响应"一带一路"倡议，依托"汉语桥"品牌资源，按照国家特色高水平高职学院"国际可交流"的建设要求，扩大对外交流影响。在学校国际汉语言文化传播基地大楼举办的第十七届"汉语桥"世界大学生中文比赛，共吸引来自全球 118 个国家 141 个赛区的 152 名选手参赛。学校与美国、德国等国的高校签署合作备忘录，共招收德国、斯洛伐克等国家的学生 16 名，推荐 8 名学生暑期赴美带薪实习。承接非洲、拉美"一带一路"沿线国家影视传媒管理与品牌运营研修班国际培训项目，促进学校与相关国家在广播影视教育培训方面的合作。学校派人参加第十三届孔子学院大会国际汉语教材及数字化教育展，国际交流与合作进一步深化。

2019 年，学校推动"开放办学"，对外交流影响更加显著。学校承接 2019 年国际中文教育大会相关工作，联合美国高校孔子学院参加国际汉语教材展。联合申报承办马尔代夫维拉学院汉语中心（孔子学院）。招收国际学生 23 名，理顺国际学生教育与管理。组织学生利用暑期赴美国带薪实习，组织 25 名专业教师团队赴德国研修。组织两批次孔子学院总部汉语教师志愿者选拔考试，学校 12 名优秀教师担任面试考官工作。加强与美国、德国、澳大利亚、泰国等国家的高校联系，并与美国加州波莫纳州立理工大学签署合作谅解备忘录，接待多批国外客人来学校访问交流，深入开展中外文化传媒类优质教育资源合作，尽力为中华优秀传统文化走出去服务。通过公开投标，学校与湖南广播电视台、湖南教育电视台一起获得第十八届"汉语桥"世界大学生中文比赛承办权。7 月 22 日至 8 月 22 日，来自全球 122 个国家 144 个赛区的

157 位大学生齐聚学校参赛。由于多年的努力,"汉语桥"赛事已经成为湖南省和学校对外交流的一张亮丽"名片",历届参赛的外国选手与为他们尽心服务的学校师生结成的国际友谊佳话频出,学校的国际知名度因每年高质量地协办"汉语桥"赛事而不断提高。

十二、精心打造校园文化品牌

2014 年,校园文化精彩纷呈。学校团委、学生会全年不间断地组织开展各项活动,营造出良好的校园文化氛围,学生的校园文化生活丰富多彩。3 月,组织"学雷锋"系列活动;4 月,举办以"我的中国梦"为主题的第十二届校园文化艺术节;5 月,开展"五四表彰"系列活动;8 月,开展暑期"三下乡"活动;9 月,组织艺术团纳新活动;10 月,开展团校培训;11 月,开展第五届读书活动月系列活动和第七届社团活动月系列活动。同时,积极组织学生参加湖南省大学生微电影大赛、酷狗音乐节、校园好声音、长沙县禁毒宣传等各类活动,学生在湖南省第四届大学生艺术展演活动中获得一等奖 2 项、二等奖 11 项、三等奖 5 项。学校在学生公寓二区添置大型电视节目显示屏,IP 广播实现校园全覆盖。

2015 年,学校努力打造校园文化艺术节、社团活动月、读书活动月、学友沙龙、暑假"三下乡"等院级文化品牌项目,充分发挥文化育人的功能。

2016 年,学校再次荣获"湖南省文明单位"称号。在全校范围内开展了佩戴校徽活动,增强全校师生的集体荣誉感。校园电视台制作节目 1000 多分钟,学校团委以"青"字为引领,精心打造第十四届校园文化艺术节、第九届社团嘉年华、书香校园文化活动、"学友沙龙"等品牌文化活动。同年,学校团委被省直团工委授予"先进基层团组织"

"五星级团组织"称号。

2017年，校园文化建设出现新气象。学校以习近平新时代中国特色社会主义思想为指导，深入开展党的十九大精神宣传教育活动。制定《深入学习宣传贯彻落实十九大精神工作方案》，举办贯彻十九大精神专场报告会，邀请十九大代表尹中来校做十九大精神专题学习辅导。举办"喜迎十九大·颂歌献给党"教职工合唱比赛。开展以"青春的脚步跟党走"为主题的校园文化艺术节，依托校内媒体矩阵广泛宣传十九大精神，使十九大精神深入人心。学校以活动育人为重点，努力打造文化品牌项目。举办开学典礼、毕业典礼，增强学生对学校的认同感、归属感。利用微直播扩大校运会等校园文化活动辐射力和影响力。组织学生开展主题鲜明，内容丰富多彩的校园文化活动。校园文化建设取得显著成绩，学校团委荣获2017年省直单位"五星级团组织"称号。

2018年，学校制定《校园文化建设规划（2018—2020）》，承办"湖湘大学堂·名家讲坛"、全省高职高专院校学生篮球比赛，举办优秀毕业作品展，开展廉政文化进校园、"奋进新时代·共话家国情"主题教育活动。师生设计作品获得全国大学生广告艺术大赛一等奖，师生原创小品荣获全国大学生艺术展演二等奖，师生才艺技能获得省青年文化艺术节银奖、铜奖。

2019年，"文化铸校"，实施校园文化建设提升工程。开展校歌征集、学校精神凝练等活动，完善学校文化标识系统。开展校园文化艺术节、社团嘉年华、校运会、高雅艺术进校园、经典诵读等校园文化活动，积极培育学校的特色文化。组织学生参加全省、全国文体竞赛，获得省级及以上奖励百余项。推进移动图书馆建设，开展人文通识教育活动。学校荣获"湖南省职业院校首批文化建设强校"荣誉称号。

十三、基础设施建设高质量推进

2015 年 3 月，学校成立"三项工程"办公室，专职负责雨花亭校区和湖南教育电视台的土地资产置换、金岸学生公寓区的回购以及原湖南省广播电视学校职工宿舍区开发和雨花亭校区整体开发工作。

"平安校园"建设使校园管理能力不断加强。2015 年，作为湖南省第一批"平安高校"创建单位，学校按更高标准对部分规章制度进行修订，努力使平安高校创建工作进一步规范化、制度化。强化值班巡查制度，确保校园安全稳定。配置校园防盗网和防爆器材。联合长沙县相关部门，对校园周边道路、摊点进行多次联合整顿。在全校师生中多次开展消防安全教育、社会公共安全教育、心理健康教育等专题教育活动。是年，经过艰难的谈判与磋商，学校与开发商最终达成协议，完成学生公寓二区（金岸学生公寓区）的回购并且实现资产顺利交接。

2016 年，学校制定《"十三五"基本建设规划》，顺利通过湖南省教育厅的审查，获得湖南省发展和改革委员会的批准。5 年内用于推进基础设施建设和校园环境提质改造的资金达 2.92 亿元。12 月，顺利完成新学生公寓二区 G 栋的设计、预算和招标代理遴选工作。动漫楼扩建工程及学生公寓、图书馆会议室、学术报告厅的维修与改造工程相继完成。学校投入 132 万元升级了校园治安视频监控系统，视频监控由模拟变为高清，并增加了校园电子监控布点。投入 24 万余元安装校园智能交通道闸管理系统。为 48 名安保人员配备安全保卫装备，强化安保人员的工作职责意识教育，安保工作日常管理更加规范。2017 年，学校顺利通过湖南省"平安高校"验收。

2017 年 2 月，可入住 1100 多名学生的学生公寓二区 G 栋顺利开建，次年 8 月竣工并投入使用，为扩大招生规模创造有利条件。综合实训楼、理实一体化教学楼纳入中央财政计划，获准立项建设。投入 280 余万元，用于校区提质改造和零星维修。学校《智慧校园建设方案》获得通过，项目新增在线开放教学平台等内容，运用大数据、云计算等技术，实现学校信息化建设跨越式发展。

2018 年，学校投入资金 1026 余万元，完成学生公寓、动漫楼、田径场、体育馆、留学生宿舍的提质改造，综合实训楼、理实一体化教学楼、地下车库、地下通道"三通一平"工程启动。投入资金 1388 万元，完成云计算应用技术、数字高清素材采集等 22 个专业实训室建设。投入资金 910 万元，为教学单位添置、更换 77 项 2140 余件（套）教学仪器设备。修订、完善实训室管理制度。全媒体综合实训室开设全媒体交互演播系统、高清摄像与轨道机器人操作综合、虚拟图文包装等综合课程，有效满足学生跨专业综合实训需要。

2019 年，打造"美丽校园"，校园环境品质更加优化。学校投入资金 2000 万元，完成演播楼室内外改造、学校大门兴建、学生公寓改造等提质工程 22 项，改造面积约 50000 平方米。投入资金 2000 多万元，完成综合布线、校园网络系统、智能热水系统、数据中心等智慧校园子项目建设 203 项，学校配套设施建设日益完善。安排专项经费 666 万元，提高校园安全防范信息化程度，加强安保队伍建设，压实责任，加强考核，"平安高校"建设成效显著，学校再次获评湖南省教育厅直属单位"综合治理工作先进单位"。

十四、努力提高教职工福利，共享发展成果

学校积极响应党中央关于让全体人民共享改革开放发展成果，增强人民获得感、幸福感的指示，关注关心民本民生。2014 年，全年新增职工午餐补贴 73.2 万元，为 433 位女职工购买女性防癌保险，为 735

位职工购买人身意外伤害保险，慰问住院职工15人次，丧葬慰问26人次，组织652人进行健康体检，支付体检费26.88万元。通过开办老年大学、建立服务档案、协调居住外地老干异地体检、看望慰问、组织户外活动、创建老干工作网等措施，使关心老同志的工作落到实处。

2015年，学校在不违背国家政策，学校财力允许的范围内，改善教职工福利待遇。教职工全年奖金、福利较上年有较大幅度增加。向困难教职工发放的补助比上年增加187.5%。教职工中餐补助费进一步提高。为全校教职工投保了意外伤害险，为431名女教职工继续购买防癌保险，为全校204名14岁以下的教职工的独生子女投保意外伤害险。为在职教职工每人每年缴纳60元的医疗互助金，教职工体检费比上年人均增加279.5元。大力开展各类"阳光体育"活动，各项文化体育活动开支总额比上年增加22.2%。学校被湖南省教育工会评为"2015年度为职工办实事工作先进单位"。

2016年，学校完成雨花校区整体开发的初步规划设计和论证评审。针对业主特别关心的回迁安置补偿和住户货币补偿问题，召开11次协调会，制定并通过《回迁安置补偿协议》和《住户货币补偿协议》。雨花校区教育资产处置和整体开发相关工作有序推进。是年，在政策许可范围内，教职工整体收入水平较上年继续大幅度增加。全年发放教职工慰问金和困难补助金19.6万元，继续为教职工提供各类相关保险。通过沟通协调，为部分教职工子女解决入学问题。开展团购绿色有机农产品活动，组织举办教职工运动会、马拉松快走比赛、登山比赛、男子篮球比赛等一系列丰富多彩的文体活动，教职工生活更加丰富。学校被湖南省教育工会授予"2016年度职工文体活动先进单位"。

2017年，学校制定实施《教职工申诉处理制度》，集中解答并督办上届"双代会"提案23件，确保教职工知情权、参与权、表达权、监督权得到落实，适时为家庭困难教职工发放困难补助金，继续推进老校区整体开发，依法维护雨花校区业主合法权益，加快推进签约进程。学校积极与政府沟通，妥善处理东塘校区开发的遗留问题。适度提高教师课酬和奖金标准。为营造舒适的用餐环境，学校对教工食堂进行提质改造。成立教职工文体协会。落实国家政策，开始为教职工发放物业补贴。

2018年，学校以争创全省"模范职工之家"为目标，统筹规划教职工文体活动，完成职工活动中心提质改造工程。举办摄影比赛、厨艺大赛、竞走活动、趣味运动会，组织教职工参加省高职院校篮球赛和乒乓球赛、厅直单位羽毛球赛。全面推进智慧校园建设，校园网络覆盖率达到100%，基本实现财务管理、资产管理、迎新工作智能化以及图书馆的电子化。学校成为湖南省教育厅直属单位综合治理工作先进单位，并获批为第二轮全省"平安高校"立项建设单位。同年，学校为教职工购买职工意外伤害保险、计生保险，为434名女职工购买防癌保险。投入29万余元为622名在职教职工和211名退休职工购买了补充医疗保险，教职工在已享受社会基本医疗保险的基础上，可同时获得补充医疗保险的补助，共有39名在职教职工和50名退休教职工受益，报销金额27万余元。这项举措大大减轻了教职工因住院治疗带来的经济负担和精神压力。学校组织30余名单身职工参加校企联谊活动、高校联谊活动，搭建交流沟通平台。

2019年，学校进一步落实"共享理念"，发展成果惠及面更加广泛，教职工的收入与离退休老同志待遇得到较大幅度增长。组织教职工体检，购买教职工商业性补充医疗保险，积极开展适合老年人特点的文体活动，引导退休老同志快乐生活、健康生活。开展"亲情服务送到家"活动，探望慰问困难职工157人次，发放慰问费和慰问物资3.4万元。学校还开办老年声乐演唱、舞蹈表演学习班，举办老同志集体庆祝生日会，为老同志办理补充医疗保险理赔 83 人次，报销金额 18 万多元，尽力解决老同志的各种诉求。调动全校力量，继续推进老校区整体开发，依法维护老校区全体业主利益，分类推进拆迁安置签约进程，雨花校区整体开发取得新进展。